我新领悟到的说话之道就是"对你好";因为我说得让你开心，你也会把我放在你心上。

蔡康永的
说话之道 2

蔡康永的说话之道 2

蔡康永 著

兔斯基团队 插画

湖南文艺出版社
HUNAN LITERATURE AND ART PUBLISHING HOUSE

博集天卷
CS-BOOKY

有个人陪自己一起"二"，

即使没有语言，正在做的事也很有趣。

序

好好说话，你才会过得好

"为什么我要再写'说话之道'？"

《蔡康永的说话之道》是那年的年度畅销书，销量令我很惊讶。刚开始登上各地书店的排行榜时，我有点意外，因为我当时并不认为有那么多人在乎说话这件事。毕竟大部分人平常说话都很随便，随便听，也随便讲。

根据读者的反应，有些主管一次就买了几十本，分送给自己部门的所有同事。有些学校把《说话之道》列在推荐给学生的书单里，更多的是情侣买给另一半看、爸妈买给小孩看，当然最多的，还是偶尔在说话这件事情上，吃了一些亏的人，买给自己看的。

很多人以为书是食物，吞下去就会长肌肉、变高变壮。我不这样想。我觉得有意思的书，应该比较像练咏春拳的人面前摆的那个木人桩。如果你看过《叶问》相关系列电影，就知道木人桩的模样啦！

书像木人桩，静静待在你面前，它提供给你一个演练的对象，让你在演练的过程中，领悟每个动作的理由、体会每个动作的力量。

　　如果看的是和爱情有关的书，你就是在演练爱情；如果看的是和思想有关的书，你就是在演练思想；如果你选择看《蔡康永的说话之道2》，那你就是在演练说话；或者依照我写这本书的意图，你是在演练"如何和别人相处"。

　　是的，说话——就是和别人相处。所以你接下来的行程是一个人漂流到荒岛，那《说话之道2》就绝对不适合你，你还不如带一本你的偶像的泳装写真集。

　　和别人相处时，可以一点也不害羞地唯我独尊吗？

　　呃……大概只有幼儿园里为了抢玩具而打闹的幼童，可以不害羞地表现出唯我独尊的心态。除了幼童之外，大多数人在长大的过程中，都会领悟到一件事：我们人类当然是自私的，当然都希望自己过得好。但这一点也不妨碍我们也愿意别人好，因为别人好，我们自己才有更多机会过得更好。

　　所有卖东西给我们的商人都希望我们有钱，我们如果很穷，哪有钱买他们的东西？所有的餐厅都希望我们健康有胃口，我们没胃口，哪还会去餐厅？你也会希望和你搭同班车的人都长得漂亮，身上都香香的；到了学校，同学老师都心情好，有说有笑；到了公司，同事上司都心情好，不找你麻烦。就算白宫里坐的那位，也希望平壤的那位心情好，不要常常想发射飞弹。

自私是我们的天性，但成熟的人就会懂：自私不等于只有自己好。我们都可以在自私自利的天性之下，依然希望别人也好，然后我们可以期待自己过得更好。

这就是为什么我们虽然是自私的人类，但我们完全可以和别人好好相处在一个世界。这应该也就是为什么你会翻开这本书的原因：因为你比幼童时成熟多了，你知道说话就是为了和别人好好相处，而和别人好好相处，你才会过得好。当然，世界上是真的有像希特勒或者伏地魔这样的人，是一开始就没打算跟别人好好相处的……呃……我这本小书也是没打算写给他们两位看就是了啦！（冒汗）

距离原本的《说话之道》出版，已经有一段时间了，这段时间，我又体会到了一些事，所以我决定写下这几年体会的《说话之道2》，另外也请到兔斯基团队，为每篇都配上全新的插画。我们想让这个给你演练用的木人桩再增加一些不同的零件、不同的角度，为你在演练时提供更多的乐趣和收获。

尽管听起来像是在练功夫，但可喜的是：演练说话一事，既不会被揍得断牙吐血，也不必拼死拼活地去抢夺什么一代宗师的宝座。我们大家境随心转，随遇而安，自然就越来越能体会和别人相处之乐，同时让自己过得越来越有滋味、有期待，这才是珍贵的惬意人生啊！

话，本来就是说给人听的。你越会说话，别人就越快乐；别人越快乐，就会越喜欢你；别人越喜欢你，你得到的帮助就越多，你就会越快乐。

说话，就是这么一件"你快乐，所以我快乐"的事啊！

目录

contents

目录

c o n t e n t s

3

TUZKI TM & © Turner Broadcasting System Asia Pacific, Inc. (S14)

请从
说话方面
开始照镜子

01

还有一种更好的镜子，就是那些听过你讲话、跟你聊过天的熟人坦率地告诉你他们平常听你说话，会有什么样的感受。这会比你自己听录音更有用，毕竟话本来就是说给别人听的。

　　人类几乎每天都要照镜子好几次，却可能好几年都不会听一次自己讲话的声音和内容。这是一件大家都习以为常，但想来却不可思议的事。

　　很多人照镜子时，连一根头发翘起来都会马上梳好；要是一根鼻毛伸到鼻孔外、牙齿上沾了一些菜渣，立刻被爱漂亮的人视为值得崩溃的大事。

　　有些人甚至会闻闻自己身上的气味，闻闻脱下来的衣服、躺过的枕头套，来确认自己有没有散发异味。

　　为了外表，我们买保养品、化妆品、衣鞋包包，再去发廊好好整理头发；而为了体味，也有各种除臭剂和香水。

　　然而，说话呢？

　　我们没有说话方面的保养品、化妆品、香水、除臭剂，也没有说话方面的发廊、设计师，更没有说话方面的流行杂志。

　　在说话方面，大部分人根本不照镜子，不检查自己在说话方面有没有露鼻毛、沾菜渣，不仔细听自己说话的语调、声音、节奏和内容。

　　最妙的是，虽然我们仔细打扮整齐了出门去，但也未必有人盯着我们看。就像有不少女生都反映她们往往换了发型好几天，同学或同事才注意到。可是只要我们开口说话，不管是点菜还是投诉、上台做报告还是私下聊天，那可都是一定有人在听的哦。

　　也就是说，我们的外表，当下未必有观众，但我们的说话，当下却一定有听众的。

　　未必有人看的外表，我们如此重视，而必定有人在听的说话，我们却不加修饰、很少检点，只凭着与生俱来的本能，加上成长过程的习惯，就这么一路说过来了。

前几年有两部得到奥斯卡金像奖的电影，都是在描述英国政坛大人物说话的故事。一部是《国王的演讲》（*The King's Speech*），讲的是说话严重结巴的英国国王乔治六世如何克服口吃，对全国发表演讲；另一部是《铁娘子》（*The Iron Lady*），讲的是英国前首相撒切尔夫人的从政生涯，片中有描述到她为了增加自己的权威感，被要求受训把声音变低沉。

即使连英国的国王和首相这样的人物，都要等到政治生涯的最关键时刻，才迫不得已开始调整自己的腔调和音质。可以想见，一般不必从政的人对说话这件事有多随心所欲了。

有些餐厅、银行、百货公司以及客服中心，都会好好训练服务人员的音量，但也只限于服务时的用语，其余的个人说话方式，公司当然也就管不到那么多。

我自己的遭遇，是因为小学开始就被学校押着参加演讲比赛，只好长时间对着镜子演讲，检查自己的表情、手势。另外，当然也要听自己演讲的录音，以及去听之前其他获胜选手的演讲。

进中学以后，我又被学校指派参加辩论比赛，就又继续被押着研究：如何在说话时布下陷阱让敌手中计，以及如何防范敌手布下的陷阱。

演讲比赛和辩论比赛，都有严格的时间限制，于是我又被逼着练习在较短的时间内，大概可以把一件事讲到什么程度。

我一点也不喜欢这些训练过程，离开中学以后，也极力避免使用那些我学到的、僵硬的技术。

但我却因此而知道，除了我们这些参加比赛的选手之外，其他同学在求学的过程中很少接受什么说话方面的训练。

我后来做了节目主持人，不可避免地会常常看见自己讲话的样子，听见自己讲话的声音。我甚至有一个习惯，录完影后会回想刚刚哪一段讲得不妥、得罪了人，或者有没有达到该有的效果。（当然，就算我不愿回想，不高兴的观众也会很大声地定期提醒我，我又犯了哪些错……）

也许就是这些经历，让我有立场告诉你：说话可以练习、可以"擦保养品"、可以"修剪发型"，也许练习的过程有点勉强、有点辛苦，但绝对不会比节食减肥或把脸削尖来得更勉强、更辛苦。而且效果会一直持续，既不像整形那样，要定期花钱受苦，也不像节食减肥那样，动不动就担心会胖回来。

请从说话方面的照镜子开始吧！现在手机录音很方便，把自己上台的报告录下来听听，其实就跟把自己的歌声录下来听是一样的事。（只是不一定要放到网上去邀别人一起欣赏啦！）

还有一种更好的镜子，就是那些听过你讲话、跟你聊过天的熟人坦率地告诉你他们平常听你说话，会有什么样的感受。这会比你自己听录音更有用，毕竟话本来就是说给别人听的。

（呃……不过，如果你询问的这些人也都先看过《说话之道》的话，他们可能就不会百分之百的坦率了……）

说"不"的时候，尽量怪自己，把责任归在自己头上

02

子玉在没有经纪人当缓冲的情况下，如何说"不"比较不会得罪人呢？

试试这招：说"不"的时候，尽量怪自己，把责任归在自己头上。

　　子玉非常不会拒绝别人，要她直接说"不"，简直如同叫猫发出"汪汪"的叫声。

　　这种滥好人的习惯当然害惨了她。更划不来的是，就算她勉强答应了别人的要求，但往往因为做得不够好，反而还会招来对方的嫌弃或埋怨。

　　这种事经历过几回之后，子玉决定要学会说"不"。只是当她鼓起勇气，对别人的请求说"不"的时候，听起来却有点粗鲁无情，这又令她心情很不好。

　　"子玉，可以帮我拿电脑去修吗？"

　　"呃，没办法耶！不好意思。"

　　或者，"子玉，我的大学同学在脸书上看见你的照片，惊为天人，他发现我跟你认识，想约我们一起吃个饭，如何呀？赏个脸吧？"

　　"呃，我不想和陌生人吃饭耶！不好意思。"

　　子玉这样的回答，虽然把意思表明了，但确实会把气氛搞僵。如果是在武侠小说的客栈里，遇到了硬是过来敬酒的土匪被这样拒绝的话，土匪一定当场就把狼牙棒亮出来搁桌上，问子玉是要乖乖干杯呢，还是吃一棒子。

说"不"这件事，真的很为难。演艺圈每位称职的经纪人都必须练就许多说"不"的招数，令双方都有台阶可以下。

想也知道，当红的明星总是各方邀约不断，而明星的时间、心力都有限，势必要对百分之九十的邀约说"不"的。

子玉在没有经纪人当缓冲的情况下，如何说"不"才比较不会得罪人呢？

试试这招：说"不"的时候，尽量怪自己，把责任归在自己头上。

对方在你百忙之中，还要你拿电脑去修时说："啊，你看我有多会拖！老板叫我早上发的报告，我现在还没打完！我死定啦！等我先渡过这个难关再说哦！我真是够慢的！"

对方要拉你去和陌生人吃饭时说："我和陌生人吃饭超放不开的，会很扫兴，一定会令你同学失望的，以后有机会多一点人再一起去唱歌好了。"

这样把破局都归咎于自己的罩不住，虽然似乎委屈了自己，但一方面对方有台阶可下，另一方面，你只是多用五秒说一句话，就免去了送修电脑的奔波，免去了一场尴尬饭局，是非常划算的啊！

不过，我不知道你觉得"嫁祸于人"这招如何，我觉得子玉似乎可以叫那个认为她照片惊为天人的男生跑来替她把同事的电脑送去修……

人生有时候，
乖乖的只是呆子，
不乖的
却是才子啊！

03

令别人对你感到"意犹未尽"，永远是最高宗旨。
做才子，别做呆子。

　　晴天希望自己在工作上能受到上司肯定，所以很用心地去翻了一些教人怎么沟通的书。

　　他读到有一篇说："表达要简洁，尤其是对重要的人说话，不管是上司或者金主[①]，都要非常简洁，不要浪费重要人士的宝贵时间。"

　　晴天看了以后很紧张，因为他第二天就要向他的上司报告一个计划，上司说大概会给他八分钟的时间。

　　于是他预先在家里练习了一下，他发现把统计的数据和执行计划的想法简单讲一下，就快超过八分钟了，于是晴天很小心地把内容删得更简洁。

　　第二天，晴天很守时地在八分钟以内把计划的重点报告完了，没有结巴、没有遗漏。

　　晴天很庆幸完成了任务，但他觉得上司的反应很冷淡，听完只是点个头，完全没有嘉奖他在规定的八分钟内报告完毕这件事。

　　我说："晴天哪！人生有时候，乖乖的只是呆子，不乖的却是才子啊！"

———————

①金主：出钱的人。

跟对方约会到第七次，你说："我想亲你一下。"

对方回答："只可以亲脸颊哦！"

乖乖照做，只亲脸颊的多半被归类到呆子。不乖的，亲到眼皮、鼻尖乃至亲到嘴唇的，虽然可能令对方心中暗骂不乖，但只要你的吻能让对方感到"意犹未尽"，你就又成功地向前迈出一步啦！

晴天在八分钟内应该令听他报告的人感到"意犹未尽"才对！

上司规定的那宝贵的八分钟应该是钩子，勾引上司听了之后，想问更多问题，而不是乖乖地又死板板地在八分钟之内涵盖所有信息，却令听的人感到乏味。

令别人对你感到意犹未尽，永远是最高宗旨。

做才子，别做呆子。

话多
就是会失效！

04

如果不想让自己长篇大论半天，到头来仍被忽视，那就先在脑中把想法整理好，再简明并郑重地告知对方，别再被"口若悬河""滔滔不绝"这样的成语误导了。别让自己的话掉了一地也没人接，变得不值钱。

中文成语里面，形容口才好的人，常常用"口若悬河""滔滔不绝"这类字眼。

我觉得错了，这些字眼只能说明这个人"话多"，"话多"当然不等于"口才好"。更多时候，"话多"等于"口才差""讨人厌"。

古时候，有个皇帝问他的御厨："什么东西最好吃？"御厨回答："启禀皇上，'饿'最好吃。"

皇上听了，先是一愣，然后欣然领会，笑着赏赐了御厨。

你一定像这个皇帝一样，体会过饿得半死时，猛吞一碗泡面，觉得泡面其香无比。等到下次半饱之时，如果勉强吃同一牌子的泡面，就会觉得那泡面味道很不怎么样。

对于食物，我们食量有限，肚子一旦被塞满，就不觉得食物美味了。同样，对于别人说的话，我们也食量有限，遇到滔滔不绝的人，用一堆废话把我们塞到撑，那么不管接下来对方说出何等的金玉良言，我们也是听不进去了。

有不少妈妈被小孩子嫌"唠叨""碎碎念"，结果妈妈提醒的金玉良言都被小孩当耳边风。等到真的发生了不好的事，妈妈免不了再补上一句："你看！我不是早就跟你说过了吗！"这时小孩一定更加火大，自己已经跌了个狗吃屎，还要被老妈在后脑补踩一脚，当然火大！

对于这些妈妈，我也只好提醒：话多就是会失效！如果你就是忍不住凡事都叮咛三四遍，那我的建议是：你起码和孩子定下一个"最高等级"的约定。比方说，真正严重的、一定要听进去的事，由妈妈写字条放在孩子书桌台灯的灯座上。妈妈可以让孩子知道，以这个形式出现的叮咛严重程度最高级，但一个季度别超过一次，就像电影里狄仁杰拿着先皇御赐的铁锏去规劝武则天这种事，千万只能偶一为之，多做就失效！

忍不住唠叨的主管们也最好能斟酌区分自己话语的轻重缓急，真正严重的事以短信或电子邮件简明扼要地交代，并请对方回报确认收到，留下白纸黑字的证据。至于嘴上控制不住的那些废话连篇，就最好是默许这些废话将得到废气般的待遇，任由同事左耳进、右耳出吧！

　　如果不想让自己长篇大论半天，到头来仍被忽视，那就先在脑中把想法整理好，再简明并郑重地告知对方，别再被"口若悬河""滔滔不绝"这样的成语误导了。别让自己的话掉了一地也没人接，变得不值钱。

八卦免不掉，但可以追求比较有品位的方式来八卦

05

八卦是免不掉的，八卦是一定要的，但可以追求比较有品位的方式来八卦，而不是到处在别人背后说坏话。

　　子玉新认识一个女生朋友，这女生讲话很有趣、很犀利，而且她交友似乎非常广泛，从大老板的秘书到贵妇人的发型师，这女生多少都认得几位。

　　每次和子玉聊天，这女生都会很起劲地告诉子玉哪个大老板最近又交往了哪个小三，但这小三其实素质有多差。或者，她也很爱转述发型师专业上的小秘密，讲讲哪个贵妇得了什么皮肤病或动了什么整形手术。

子玉有时听了很刺激的内容，也会忍不住转述给晴天听。

当听到第三次的时候，晴天终于忍不住放下了手上的平板电脑，问子玉："你有没有发现这个朋友在八卦别人的时候，永远都在讲别人的坏话，都是谁的水准差、谁生什么病、谁脸上动过刀这些事？"

子玉一愣，想了一下，点点头。

晴天问子玉："你如果把那女生当朋友，那你一定也会向她抱怨一下我们之间的一些小事吧？比方说，我常常不洗内裤，然后反面穿这类小事？"

子玉听了"扑哧"一笑，小小吐了一下舌头，点点头。

"那你不用想也知道，她去跟别人聊天的时候，也会把你对我的各种抱怨都当作八卦的材料告诉别人吧！"晴天说。

子玉想了两秒，又点点头。

子玉后来就比较少再和这个女生聊天了。因为她脑中浮现当自己不在场时，这个女生和其他朋友一起嘲笑自己的画面，这让子玉感到很不舒服。

子玉不想继续这个游戏了：陪这个女生嘲笑别人，然后又提供自己的事，让这个女生去和别人来嘲笑自己。

八卦，是聊天必备的内容。八卦，其实就是"转述别人的事情"。如果不准八卦，那不但聊天会聊不下去，连《论语》《史记》都会写不出来的。

孔子的《论语》，多少必须转述一些别人的事；而司马迁更需要听或读一大堆别人告诉他的事，才有可能写成《史记》。

只是，任何事情都有品位高下之分。穿衣服有品位高下之分，吃东西有品位高下之分，八卦，当然也有品位高下之分。

专在别人的背后讲别人的坏话，这在八卦的领域里是没有品位的事。

这样做的人，当然有他们这样做的原因，我们不是他们的爹娘师长，我们没义务提醒他们，也没有立场管他们。

但我们自己不要变成这样的人。有些谈话节目会趁人不在场时，大说别人的坏话，有些报纸或网络也喜欢这样，但我们的人生可不等于这些必须靠背后说人坏话来赚钱的节目或报纸。

我们的人生仍然需要别人的尊重和信任。

八卦是免不掉的，八卦是一定要的，但可以追求比较有品位的方式来八卦，而不是到处在别人背后说坏话。

也请避免在和新对象交往时，常说前任的坏话，避免对现任老板说前任老板的坏话。对方只要是略有见识的人，都会因此而感到不安，因为他们可以预感到：有一天，你也会这样讲他们。

粗鲁地打电话，就会换得冷酷地挂断

06

有哪些人打电话来常常粗鲁地不先请问对方是否方便讲电话？很大一群是从事电话推销的人。他们的战略中，应该有一条是"不要给别人考虑的时间"，尽快传递出吸引对方的信息，才有可能做成生意。

TUZKI TM & © Turner Broadcasting System Asia Pacific, Inc. (S14)

晴天一手拎着电脑，另一手拿着咖啡，快步走向地铁站。这时手机响了，他勉强腾出手来接电话，电话那头是他老妈。

妈妈要晴天在药房代为买三种药，有的药名是中文、有的药名是外文，晴天只好在路边半蹲下来找笔找纸，记这些药名。

晴天的母亲大人为什么不能用短信把药名传给晴天呢？为什么不能直接把药盒子拍个照传给晴天呢？我不知道。身为母亲大人的特权之一，就是她可以在想打电话的时候就打电话，想在她还没忘记之时，赶紧交代你替她办事，她怀胎十月生下了你，她一定会毫不犹豫地这样做。

我们如果不是对方的母亲大人，那就不妨培养一点讲电话的礼仪。比方说，就算略为急迫，来不及等短信往返，那么当对方接起电话时，还是不妨先加一句："请问你现在方便讲电话吗？"

对方可能正在看电影、开会、上课、打蟑螂。如果不是非常熟的朋友家人，那么，尊重别人的时间，也了解时间是别人最珍贵的财产，我们随便跟别人"借"五分钟说话，是永远也"还"不了的。我们是活生生地从别人有限的生命中"夺走"了五分钟，这五分钟别人是怎么样都要不回来的。

问一声"请问你现在方便讲电话吗？"起码表示了我们对别人时间的重视。相信我，对方被你这样征询了一句，虽然可能还是活生生地浪费了接下来的五分钟乃至十分钟、三十分钟，但好歹是对方批准了你掠夺他的时间。

有哪些人打电话来常常粗鲁地不先请问对方是否方便讲电话？很大一群是从事电话推销的人。他们的战略中，应该有一条是"不要给别人考虑的时间"，尽快传递出吸引对方的信息，才有可能做成生意。

我推测这样的战略来自前辈经验的累积，但我经常听到身边的朋友接到这类推销电话，立刻反射性地说出："不需要哦，谢谢。"然后挂断。

粗鲁地打来，换得冷酷地挂断，算公平吧！如果能够先请问对方"不知可否借用您三分钟说话？"，对方如果首肯了，那就有三分钟来发挥。如果是吸引对方的事，应该就可以靠这三分钟，换来更多的三分钟吧！

农业时代的节奏跟科技时代的节奏本来就不一样。农业时代不觉得粗鲁的言行，到高科技时代可能显得非常粗鲁。随便打别人电话几乎等于随便按别人家门铃，别人要接起电话就跟要穿好衣服来应门一样，都是要花时间的，而时间是用掉一秒就少一秒，赚不回来的。

琐碎又必须正确的信息，例如药名、地址、日期等等，适合用短信来说。不得已要请对方用笔记下时，先问一声："你方便找笔记一下吗？"要借用对方几分钟时，也先问对方是否方便。这都只是一句话，却能使人甘愿得多。或者，你也可以想个办法成为对方的母亲大人，就能随心所欲、爱怎么打就怎么打了。

"说话之道"的浓缩胶囊

07

在说话之时，所有我们嫌弃别人、觉得别人表现得很差的部分，往往都是我们自己的问题。

　　有位爷爷发现奶奶越来越少跟自己聊天，爷爷心里嘀咕，担心奶奶年纪大、耳朵聋了。

　　爷爷担心之余，决定返家时测试一下奶奶的听力。他用钥匙打开门，用力关上门，看见奶奶在厨房煮饭的背影。爷爷心中一凉，认为果然奶奶连自己关门声都听不见了，连招呼都不招呼一声。

　　爷爷大声地喊："我回来了！"奶奶没有回应他。

　　爷爷走到客厅，又更大声喊："我回来了！"

结果奶奶还是没有回应。

爷爷很着急，快步走到厨房，对着奶奶的耳朵大喊："你聋了吗！"

奶奶转过脸来，对着爷爷大吼："聋的是你！从你开门进来，我已经大声应你三次啦！"

我很喜欢这个听来的笑话，除了它有点温暖又有点凄凉之外，最主要是这笑话根本就是一粒"说话之道"的浓缩胶囊！

在说话之时，所有我们嫌弃别人、觉得别人表现得很差的部分，往往都是我们自己的问题。

我们自己听不见，却都一心以为是对方听不见。

很多个性成熟、见过世面的人，当着我们的面，往往不愿意直接点破我们的无知或错误，是怕我们会下不了台。

然而，不知进退的我们，却都自我为中心地嫌弃对方糊涂、迟钝、原地兜圈、鬼打墙。

　　当我们大呼小叫，对方却似乎怎么也听不明白的时候，我们最好冷静下来，想一下以对方的历练或智商，是否真的会听不明白，还是其实不明白状况的是我们自己？

　　我从小就有很多自以为是的荒谬想法，很幸运地多半被包容了，如果当时都一一惨遭戳破，一定会在我心里留下很多阴影。

　　他们没有对着我的脸大吼"聋的是你"，他们留了台阶给我，给了我一点余地，在事后去检讨自己有多蠢、多幼稚。我希望我也能学着把这些台阶三不五时地搬给别人用。

开会的废话，等于在烧公司的钱！

08

其实老板们才最该在意自己公司开会的效率，大小会议都很花员工的时间，冗长会议的每分钟，都听得见老板所付的薪水，随嘀嗒声化为逝水。老板应该要带头促成员工开的每个会议有效率。

　　台湾娱乐界的几个大型颁奖典礼都已经能够对专业完全尊重，把典礼舞台尽量交给该受荣耀的人。

　　不过我仍然记得有一年，小S和我一起主持一场电视圈的典礼，当时的某位首长要求上台致辞，主办典礼的单位答应了，但又担心致辞冗长，问我怎么办。我就拜托小S用半撒娇、半开玩笑的方式，当众叮咛这位首长，致辞不要超过三分钟。

我深知"英雄难过美人关",大人物面对美女的拜托一定会有风度地答应,何况是小S这样刁蛮又可爱的大美女。果然小S不负所托,在这位首长上台之时,利用为他调整麦克风高低的机会,轻轻唤了声首长的名字,全场当时鼓掌大笑,大众纷纷竖起耳朵听小S接下来要说什么。

结果只见小S妩媚地附到首长的耳边,用气音性感地说了一句:"不要超过三分钟哦!"然后拎起礼服的裙摆,款款走向我。全场掌声如雷,我心中对小S真是爱到不行,怎么想都想不出比这更巧妙的提醒了。当然,在这种气氛之下,那位首长也很懂得配合气氛,很简洁地讲了几句话,不到一分钟就致完辞了。

确实,男生不方便开口说的话,由美女来开口,效果会有天壤之别。

我当然知道,这也需要为官者在乎大众的感受,这样幽默的提醒才会有效。

首长可以为了塑造形象、讨大众欢心而好好控制发言时间。可是公司开会时，碰上不受控的主管，可没人胆敢去干涉发言长度。拿捏不好，就是在捋虎须了。

其实老板们才最该在意自己公司开会的效率，大小会议都很花员工的时间，冗长会议的每分钟，都听得见老板所付的薪水，随嘀嗒声化为逝水。老板应该要带头促成员工开的每个会议有效率。

如果公司开会时，永远指派一人轮值担任发言监察员，在会议室挂上"每次发言不超过三分钟，三分钟以上，每分钟罚款十元充当买零食的福利基金"这样白纸黑字的规定，用轻松的态度来精确地执行，以求大家不偏离主题、不东扯西扯，也许可以渐渐培养出大家的共识，把会议的效率当成是一种专业的美德。

当然，有钱又先进的公司，也是可以设置那种超过三分钟就把座椅弹射出窗外，或者麦克风会喷水的设施啦……

聊天用三大题型，适合哪种人呢？

09

第三种是我觉得聊天时最没有压力的题型，就是"问答题"。

这种题型是遇弱则弱、遇强则强，如果遇上很有个性或很有品位的人，你会听到一些意想不到的回答，感到耳目一新。

聊天常用的问题，大概可以分几种。

第一种是"填空题"加"是非题"。

这种题型在聊天时很容易卡住。比方说："请问，阿根廷的首都是＿＿＿＿＿＿＿。"这是"填空题"，你如果填不出，就已经卡住了。

如果你填得出，你填下："我知道，首都是布宜诺斯艾利斯。"

恭喜你答对，但还没完，后面还有"是非题"："那你去过布宜诺斯艾利斯吗？"去过的话，可以再聊一阵子，没去过的话，可能再度卡住。

所以，这种容易卡住的题型，我不太推荐。举凡："你知道AK-47步枪是谁发明的吗？你用过这种步枪吗？""你知道瓦格纳最长的歌剧是哪一出吗？那你听过吗？"都属于这个题型。（顺便说一句，喜欢这种题型的直接去报名参加有奖益智问答节目就好了。）

第二种是"申论题"。

这种题型适合学识渊博并且喜欢辩论者。比方说："你觉得吃素的人是不是就不应该穿皮鞋、拿皮包？试申论之。"

聊天时动用到这种题型，参加的人选如果对了，倒也可能很有趣，不过无论如何，算是重口味的题型。

我想在法国大作家普鲁斯特那个年代，巴黎那些由贵妇名媛召集的文艺沙龙，就很适合进行这类题型的思辨。

第三种是我觉得聊天时最没有压力的题型，就是"问答题"。

"你喜欢吃哪一种火锅？" "你喜欢什么颜色？" "你喜欢听哪种音乐？" "你喜欢吃哪种水果？" "你妈会不会很啰唆？" "你喜欢吃哪种蛋糕？" "你想去哪里玩吗？" "你喜欢吃什么口味的冰激凌？"……

这种题型很亲民，没有智商门槛，多讲几句也可以，少讲几句也可以，不太会发生听不懂的状况，再乏味的人也能应付着答几题。

而且，这种题型是遇弱则弱、遇强则强，如果遇上很有个性或很有品位的人，你会听到一些意想不到的回答，感到耳目一新。

哦，对了！如果题目是："你喜欢看哪些人写的书？"而我又刚好在场的话，你其实也不妨为了社交礼仪，把我的名字加入你的回答中哦！

苦衷，
留在后面说

10

生活中当然有大小事件，会影响我们在专业上的表现，我们只能尽力而为。用"我感冒了"这类的理由当作开场，是天真地以为现场所有人会因此先给你在考卷上打个大钩，再给你加十分的安慰分吗？

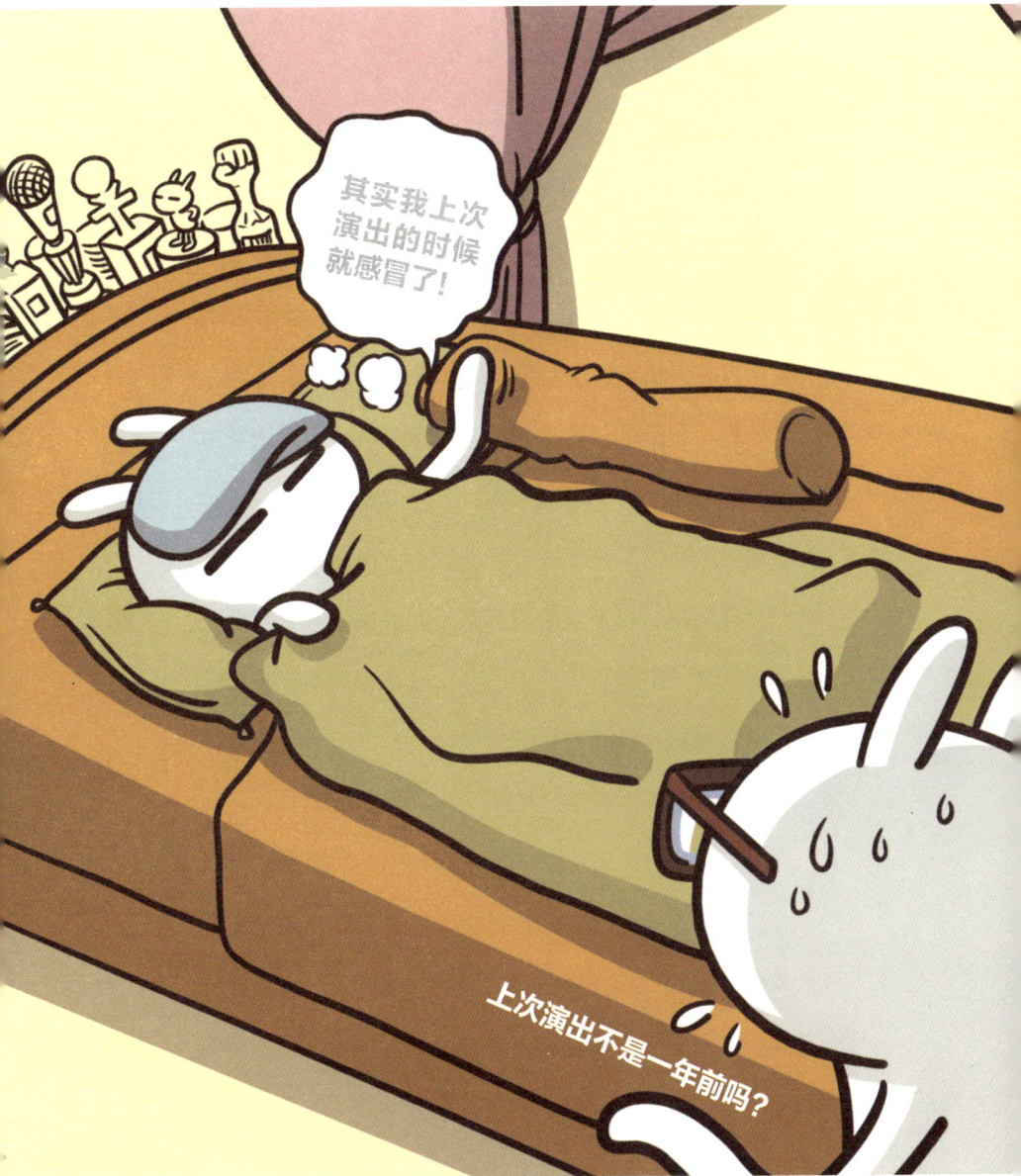

　　子玉喜欢的歌手开演唱会，子玉很高兴地买票去听。演唱会开始，歌手由地底升到舞台上，全场欢声雷动。没想到歌手一开口，却是先向大家道歉："我前天感冒了，昨天整天都发不出声音，今天紧急打了针，勉强可以唱了。但别担心，我会尽全力为你们演唱的……"

　　现场都是喜爱这位歌手的忠实粉丝，所以大家还是用力地拍手，给这位歌手加油。

　　但如果上台的不是万人崇拜的歌手，而是今天要做报告的同学或同事，台下坐的也不是粉丝，而是等着听报告的老师或老板。但做报告的人一开口就说："我昨天感冒了，我爸爸又胃痛，我陪我爸去看医生，自己也完全没体力，所以资料准备得不是很充分……"

　　你觉得台下的人这时会被你的苦情感动得流泪吗？

　　大概不会……（除非你长得跟洋娃娃或幼年的拉布拉多犬或折耳猫等一模一样，就比较有可能。）等着听报告的老师、老板、同学、同事，也许会有教养地摆出同情的脸，但心里多半在催促你："有什么可说的，就赶紧说一下吧！我等一下还约了人呢。"

我们身处的时代，每个人每天接触到大量的琐碎信息，知悉大量的天灾人祸，我们被训练到把不切身的灾难都加以抽象处理，不然每天光看新闻就够我们哭上好一会儿了。

人与人因彼此的专业而互相接触时，那就是行驶在专业的轨道上。在这个轨道上，迟到就是耽误别人的时间，报告没准备好就是浪费别人的时间和注意力。

生活中当然有大小事件，会影响我们在专业上的表现，我们只能尽力而为。用"我感冒了"这类的理由当作开场，是天真地以为现场所有人会因此先给你在考卷上打个大钩，再给你加十分的安慰分吗？

答案是不会有大钩，也不会有安慰分。这样的开场只会使现场气氛在一开始就陷入低潮，使你的报告听起来比原本更弱、更没力。

如果你坚决要告知大家，你是何等苦撑着病体，才完成这份报告的，那我也建议你，等你尽力完成了报告之后，在结尾时补充说明两句，大家还比较可能买账。

即使是子玉喜欢的那位歌手，我都觉得可以不必在演唱会开场时就说明，撑到哪首歌终于不幸唱破音了，再向大家说明，大家应该会更领情。

专业的世界描述起来似乎有点冷酷，但你扪心自问，你也不是出于对老师或老板的爱慕而去上课或上班的，对吧？人间是有情，但不是处处都有情。

自嘲，
是有自信的人，
才做得到的事

11

自嘲不仅仅是说话的一个招数，也是自信心的外显。我们不必常常刻意自嘲，那样反而会很可怜。我们不妨先找到自己可以有自信心的来源，再把自嘲当成自己偶尔放松的空当，你会发现，你一放松，别人也跟着放松了。

我的主持生涯中，最亲密的伙伴是小S。

小S在《康熙来了》节目中，很多经典的表情会被粉丝截下画面，做成表情图卡片使用。

比方说，她翻白眼的表情、对镜头大吼"我要的是肉体"的表情，都代为传达了许多人压抑的心声，而广为流传。

上一次过年期间，在迎财神的那一天，我还看到小S的一张图卡，取代了传统的财神爷，被不少人用在网上及短信里。那画面是可爱的小S故意做出超不耐的表情，对镜头握拳呐喊："老娘要的是钱，OK？"

小S为什么能够喊出这些话，做出这些表情？除了天赋英才之外，最重要的当然是因为她知道大大咧咧说出大家的心底话，大家不但会松一口气，而且会开心，而小S喜欢大家开心，一点也不怕会被认为粗鄙，她带头揭穿自己，摆明了"大家都是人"的立场。

中文说"嘲笑"，"嘲"跟"笑"是连在一起的。嘲弄别人，会有人笑；嘲弄自己，也会有人笑，但却不会伤及无辜，不会令其他人受辱。嘲弄肢体不便或生活不顺的人，是小学常发生的事。到了比较成熟的社会，大家会努力避免这样取笑别人，因为别人会感到受辱、受伤。

小S的难得，正是因为她虽然漂亮，但又愿意嘲笑自己。她身上同时并存自恋和自嘲的精神，使她成为一种如此罕见的美女。

自嘲，是有自信的人，才做得到的事。

能够自嘲外表不佳的企业家，是因为事业的成功给了他们自信；能够自嘲体重过重的偶像，是因为已经拥有千万粉丝的肯定给了他们自信。

自嘲不仅仅是说话的一个招数，也是自信心的外显。我们不必常常刻意自嘲，那样反而会很可怜。我们不妨先找到自己可以有自信心的来源，再把自嘲当成自己偶尔放松的空当，你会发现，你一放松，别人也跟着放松了。

更珍贵的是，你一放松，宁愿嘲笑自己也不嘲笑别人，你就渐渐变成有幽默感的人了。

你知道幽默感有多珍贵吗？有很多不高不帅也没有钱的人，就是因为幽默而赢得很出色的伴侣啊！

康永说 ▼

保持神秘，
给别人空间
去发挥想象力

12

很多人其实没那么有魅力，但他们懂得保持距离、保持未知、保持某个程度的神秘。

这就给了别人空间去发挥想象力，而别人想象出来的你，一定比真实的你丰富、多面、耐人寻味。

　　我在《说话之道》里常常提醒一个原则，每次一张口要说"我"字时，都试试把"我"字吞回去，换个别的字。

　　这个建议的原因很简单，不断说"我〇〇〇""我××ד"我这样……""我那样……""我去年……""我明年……"的人，不但令人生厌，而且很土。

　　我现在想为这个建议再补充一个理由：这个建议并非只是为了防止你变成一个"永远以为自己最重要的土蛋"，另外，还有一个很重要的效果：

　　维持你这个人的神秘感。

　　为什么女神娶回家放个一年半载，就变成凡人了？

　　因为女神的神秘感一步一步地消失，再也不令人想窥探，再也不令人忐忑不安。

　　恐怖片从哪一秒开始不再恐怖？

　　从鬼怪被看清楚的那一秒开始。在那一秒，恐怖片变成动作片，杀鬼抓怪都只是动作，不再令人感到恐怖了。

　　只要被摸清，力量就会变弱。

　　谈公事的时候，我们是应该表达清楚，我们又举例又比喻，力求达成互相了解。

但私下聊天的时候，不妨语多保留。

因为巨细靡遗地报出身家背景、薪水嗜好，好像把自己人生的X光片掏出来，一张一张供对方查验。

这样对方还能对你有什么好奇心？还有什么动力要再进一步了解你？

很多人其实没那么有魅力，但他们懂得保持距离、保持未知、保持某个程度的神秘。

这就给了别人空间去发挥想象力，而别人想象出来的你，一定比真实的你丰富、多面、耐人寻味。

所以，训练自己硬生生吞下"我"字时，并不只是为了令你讨人喜欢，也是为了令你保持神秘。

嗯？你问我身高几厘米吗？嗯……我来想想……去年暑假的时候我跟一只长颈鹿和一只企鹅合照，结果你知道发生什么事吗？哦，呵呵呵……那只长颈鹿竟然把脖子弯下来，亲了企鹅一下……哦，天啊！动物怎么老是这么爱搞笑啦！哈哈哈……

说话有标题和结论，确保对方听得懂你的话

13

我们面对的，既然不是会砍我们头的皇帝，那说明立场时，就不妨像报纸的社论那样，有个方向明确的标题，结尾之时，再明确地做结论，确保对方理解我们。

子玉今天打扮得很漂亮，晴天看到她，眼睛为之一亮，说："对于像你们这么出色的女生来说，我觉得婚姻制度应该为你们改成婚约每年一签制，而不是一签就得维持一辈子有效！"

子玉抬起眉毛，表示不明白。

晴天继续解释："婚约一签就一辈子，这样结婚那天开始，丈夫就可能日渐懈怠，反正生米煮成熟饭，还有什么值得努力的？"

子玉点点头。

"如果把婚约改成一年一签，丈夫就会战战兢兢、努力不懈，不然一年期满，妻子就表示合约解除，来个人去楼空、妻离子散！"

子玉迟疑地看着晴天："所以，你的意思是，如果我们两个结婚……"

"如果我们两个结婚，为了你好，我们就在婚约上注明：有效期只有一年！"晴天爽朗地做了结论。

"啪"一声，子玉对准晴天后脑，赏了一掌："你想每年换一个太太？想得美！"

怪了。子玉刚开始不是还听得点头？怎么等晴天下了结论，子玉却出掌了呢？

因为子玉是那种必须听了结论，才弄清楚别人到底在讲什么的人。这样的人如果下棋，通常要下到输了，才知道对方在干什么。

需要"听到结论才搞懂"的人其实不少。倒不是说像子玉这样的人很多，而是生活节奏忙碌，大家却一心多用。你说明一件事的过程，就算说明得很详尽，但别人可能心不在焉，也可能拐弯走岔，而得出了和你截然不同的结论。所以，既然已经开始说明一件事，为了确保大家在同一条轨道上，最好是开始说明之前，就先简单表明自己的立场，然后说明，最后下个结论，确认对方听懂我方意见。

当然，你在古装宫廷剧当中很少看到这种事。因为皇帝身边的文武百官、后宫嫔妃，大都得看皇帝脸色讨生活。所以，大家说话都学会了七弯八拐、兜来兜去，不知道到底在说些什么，一直兜到皇帝下了结论，大家才"轰"的一声下跪，大赞"皇上圣明"！

我们面对的，既然不是会砍我们头的皇帝，那说明立场时，就不妨像报纸的社论那样，有个方向明确的标题，结尾之时，再明确地做结论，确保对方理解我们。

至于理解之后，对方是否同意，那当然是另一件事了。就像子玉大小姐，虽然觉得晴天推论得不错，但一听结论有鬼，立刻击出一掌。这就是女生以本能挂帅，往往能一掌摧毁男生以理性筑起的堡垒，血淋淋的证据啊！

存在感薄弱的人，就不必常撂粗话了

14

如果你是存在感不强的人，那么，金链、钻表或粗话，都可能掩盖掉你的存在，喧宾夺主。事后别人描述你，恐怕会变成"就是那个戴钻表的家伙"，或者"就是那个爱飙脏话的女生"呀！

　　在房地产广告当中，动不动就会看到很吓人的"最高级"字眼，比方什么"至尊""绝美""至上""天下""顶""宝""豪""爵""帝""王者""纯金""钻石"等等，只差还没动用到"天堂"两字，呃……应该是因为"天堂"虽然绝对是最高级的居所，但还是没有哪家房地产商敢冒险以此名义招揽富豪们一掷千金赶快来住天堂的吧！

　　"大字眼"用得多，就会失去力量。

随手滥用，再顶级的形容词都会变得普通，还会沾上油腻腻的江湖味。

武侠小说里，那些外号叫什么"威震八方""横扫千军""拳打这个脚踢那个"的江湖人士，通常都是上场来挨揍的。

"大师""女神""男神"这些字眼也都一样，听得人都麻痹了，等到真的大师、女神、男神出现时，就词穷了。

我们平日说话时，最好也能对"最高级"之类的形容词节约使用，倒不是乱用这些字要收费，而是这些字的出现会影响别人对我们的信赖。

只要我们把三家以上的火锅店都形容成"有史以来最好吃的火锅店"，别人以后自然会对我们的意见打折扣。

像推荐餐厅这些意见不被采信，倒不太要紧，可是如果影响所及，连推荐某些人选、建议采用某些方案都被别人忽视，那可就很闷了。

另外，相对于这些尊贵的"大字眼"而言，也有不少人在讲话时，或者在网上发表文章时，毫不必要地夹带几句粗话。

我虽然觉得讲粗话是不要紧的事，但其作用类似很粗的金链条、贴满水钻的金表，或是把精品的外文名字大大印在胸前的T恤。这些东西跟人的风格搭了，就非常有味道，但如果跟你这个人完全不搭，那就徒然暴露你是勉强在戴金链，勉强在穿名牌，勉强在讲粗话。

如果你是存在感不强的人，那么，金链、钻表或粗话，都可能掩盖掉你的存在，喧宾夺主。事后别人描述你，恐怕会变成"就是那个戴钻表的家伙"，或者"就是那个爱飙脏话的女生"呀！

我们是使用语言的人，逆镁的可不能倒过来被语言塔玛的耍着玩！哼！塔奈奈格熊！

有没有教养，和诚不诚实，根本是两码事

15

别把修养拉到诚实的对立面去，这两者的维度不同，根本是两码事。就像你不会用不诚实去指责诸葛亮，你也不会用不诚实去指责任何一位修饰言辞、注意教养的淑女绅士。如果你真的那么在乎诚实，那其实你就更该看重诚实，更该珍惜地把诚实放在人生贵重的位置。

15

有这么一个小镇，没有任何人说谎，一句谎都不说。这小镇的男女生初次约会，女生就直接对男生说："你又矮又胖，职业又烂，我才不要跟你在一起。"

餐厅的服务生过来点菜时，客人直接对服务生说："你每个月就领这么点钱，能有什么出息？"

而点完菜之后，服务生也直接告诉客人："你点菜的品味烂透了。"

妙的是大家直来直往，没有任何人有一丝不悦，因为这个世界上的人不知道谎言是什么东西，除了直来直往讲实话，根本不知道要怎么说谎。

有一天，男生去银行取钱，但银行电脑坏了，银行职员就直接问男生要取多少钱。男生户头里只有三百元，但男生脱口而出他要取八百元，银行职员完全不检查资料，就给了男生八百元。这下男生暗暗大吃一惊，他表面镇定，但他知道自己打开了再也盖不上的潘多拉的盒子，他竟然意外发明了说谎！

接下来，男生的妈妈在病床上快死了，妈妈很绝望，因为医院的人都只会说实话，告诉妈妈：死了就什么都没了。男生看妈妈这么绝望，又脱口而出，安慰妈妈："死后天上有美好的住所，不必悲伤。"

男生这一说，轰动整所医院，所有人都来问他天上的居所是怎么分配的、大小如何、建材如何。第二天新闻也报道了天上有美好居所的事，全镇沸腾，全都来请教男生这件事。男生只好想象出更多谎言，来应付大家各式各样的疑问。

这是一部电影的故事，片名叫《谎言的诞生》（*The Invention of Lying*）。虽然构想很有意思，但票房很普通，因为成年人一听世上竟然有什么"没人会说谎的小镇"，就"哧"一声，觉得连童话都不会那么幼稚，懒得看。

是啊！从《西游记》里把手掌化作五柱去诓孙悟空的如来，到扮成男子代父从军的花木兰，都没有说实话，更不用提《三国演义》里深受崇拜的诸葛亮，一下扎草人骗来曹操十万支箭，一下又故意大开城门吓唬司马懿，堪称耍诈界的天王。

虽然小时候父母老师会教小孩要诚实，但我们的文化是很入世的、很世故的文化。我们的价值观里，没有"诚实至高无上"的想法。

有些人翻了《说话之道》后，有点为难，觉得如果采纳书里的建议，有时似乎不太诚实。如果你有这样的困扰，容我告诉你，《说话之道》讲的是教养、策略和心态。这些既不在道德之上、也不在道德之下，而是不涉及道德的项目。就像你自拍的时候，把相机抬高，镜头往下压四十五度，然后由侧方略略斜拍，然后再按下美白键，把自己拍成了吹弹可破的白嫩瓜子脸。

这件事也被我们归为不涉及道德的事，是在不动摇人生根基的原则下，令我们人生可以更顺利的做法。

如果硬要把修养和诚实放在互相对立的两边，那么，婴儿绝对是最没修养，也最诚实的吧？婴儿饿了就大哭，想拉就拉一床，婴儿毫不遮掩他们的欲望，那是诚实吗？那是道德吗？都不是，婴儿的状态和道德无关，也不被放在诚实的天平上。他们就是一群没修养、难伺候、努力求生存要长大的小可爱啊！

别把修养拉到诚实的对立面去，这两者的维度不同，根本是两码事。就像你不会用不诚实去指责诸葛亮，你也不会用不诚实去指责任何一位修饰言辞、注意教养的淑女绅士。

如果你真的那么在乎诚实，那其实你就更该看重诚实，更该珍惜地把诚实放在人生贵重的位置。

什么叫作贵重的位置呢？

比方说：用来面对你自己的，而不是用来面对外界的，你的内心。也就是，对你自己诚实。

那就是诚实最贵重的位置。

请别再把诚不诚实拉扯到有没有教养的维度来吧！在这件事上搞混，那说起话来，就注定只能做个有啥就说啥的、令大家伤脑筋的"白目"了！

尊敬很好，但尊敬到发抖抖不停，就成了困扰

16

人渴望和厌恶的东西都很像。你把对方当大神、女神、男神，你失去了平常心，就容易变成一个紧张鬼，扰乱了自己的导航系统，飞不准方向，也降落不对地方。

　　晴天被长辈带着拜见一位业界的大人物。晴天非常紧张，连自我介绍都声音发抖。

　　大人物大概常常看见这种事，不以为意。但晴天有点懊恼，他希望自己快点镇定下来，不然等一下提案时，可能会表现失常。

　　陪同的长辈看出来晴天的紧张。长辈莞尔一笑，趁着大人物在跟会议桌上的其他人说话时，低头指一指袜子，又在桌面下用手指朝大人物的方向指一指。

晴天放低目光，由桌面下偷偷瞄一眼，发现大人物两脚的袜子竟然颜色不一样。

长辈眨眨眼，在晴天准备提案的笔记一角，小小地写下了"大家都是人"这五个字。

穿错袜子并不是多可笑的事，但能宽慰一下晴天紧张的心情，鼓励晴天把大人物放回平常人的地位。结果晴天提案的表现很不错，他把大人物当成一个可推测、可沟通、可说服的人，而不是供在神桌上的神。

把对方当成和自己一样的平常人，是最平实也最可靠的一种说话心态。

去参加任何必须开口说话的比赛，面对评审席上那一排看起来很威严的评审，如果太紧张，就看看他们的腰围，看看他们的皱纹……（如果这位评审腰也很细、皮肤也很光滑呢？那就想想这位评审在上大号的样子！）

尊敬当然很好，但尊敬到害怕，害怕到发抖，发抖到没完，那就变成了困扰。

把任何神坛上的人物当成平常人来对待，绝对不是不敬，而是会让彼此都轻松说人话的好心态。（此处并不包括如果你拜见的是宇宙级的歇斯底里自大狂。）

评审也好、巨星也罢，都和我辈一样，会疲倦，会想回家，会期待一点有趣的想法或对话，喜欢被温暖地对待，期待下一顿吃些好吃的。

即使是对还在暧昧期的对象，用短信互相调情、互相撩拨的时候，每一句要传出去的短信，都可以揣摩一下：如果是自己收到这条短信，会心动吗？会想进一步和这个人聊下去吗？还是会觉得这人表现得像个过度谦卑，谦卑到没了自我的小粉丝呢？

人渴望和厌恶的东西都很像。你把对方当大神、女神、男神，你失去了平常心，就容易变成一个紧张鬼，扰乱了自己的导航系统，飞不准方向，也降落不对地方。

"交浅言深"时，不妨先 "试水温" "测风向"

17

机会，本来就只给想要机会的人。对不想要机会的人来说，机会根本没有存在过，也就谈不上损失或错过机会了。

没有谁对谁错，也没有什么高下好坏，只是想要与不想要的差别。

政坛人物，常用一招，叫作"试水温""测风向"。

比方说，某局长想要争取某部长的职位，但不知道舆论的反应会如何，就偷偷放消息给一家报纸。

这家报纸略为报道一下，说听到这样的风声，报纸刊出之后，自然会收到一些各方反应，可以供某局长思考下步棋要怎么走。

我们不做官的人，什么时候需要"试水温"呢？

假设你撞上了珍贵的机会，和重要的贵人意外地共处一室，但共处的时间很有限，眼看着再这样不痛不痒地聊下去，等到时间结束，这辈子都不会再遇到这位贵人了。

这就遇到必须"交浅言深"的冒险时刻了。

要赌一下，令贵人对自己留下印象，还是乖一点，听从命运的安排？

关于这点，我不能贸然建议，这一方面要看你的个性，另一方面要看贵人的个性以及当时的气氛。

但如果你决定要赌一下，聊一些"地雷型"的话题，那我建议你先"试一下水温"，看看贵人会不会被你打开话匣子。

"昨天报上登了娱乐圈年度收入的排行榜，我在上面看到您的大名了。"

这已算很莽撞的话题，但不算踩到地雷，脚还悬在半空，没踩下去，还在"试水温""测风向"。

"哈哈！对啊！超扯的排行榜，胡说八道。"贵人说。

如果贵人这样接，好像就可以再往下聊一点。

"对啊！我也觉得是鬼扯。"这样接，都还算安全。

　　"你怎么可能排第三名，你当然是第一名！"如果这样接，那就算踩下地雷了，也算颇冒险的交浅言深了。

　　那万一贵人本来就是排行榜的第一名呢？

　　"你当然是第一名，我猜第二名差你十倍都不止。"这也挺冒险的，因为有的贵人就会感觉你这样是在揣测他的收入，会提防你。

　　但起码我建议你接话的用语，都算是在捧贵人的，可算在危险中偏安全面。没办法，富贵险中求。就像金庸笔下，《鹿鼎记》中的韦小宝，摆荡在清朝皇帝和反清组织的夹缝中，先"测风向"，再见风使舵，是韦小宝的拿手本事。

　　如果你押中宝，贵人被你打开话匣，和你大聊排行榜上其他对手的八卦，那贵人尽了谈兴之后，就会觉得你真是"知情识趣"，也许你的人生就会有一道门，打开了一条缝。

　　我认为"测水温"的时候，只要对方愿意显露情绪或价值观，就表示对方有兴趣多聊两句。

　　就算贵人的反应是："排行榜这种东西，没什么好聊的。"这也仍然是显露了某种价值观。

"所以……你都从来不看报纸哦？"你可能可以这样接话。

比较没辙的是，贵人如果像世外高人那样，只"嗯"一声，这就有点测不出水温风向了。

这种"嗯派"贵人，身上也许会有些别的线索，这时就考你的眼力了。如果贵人身上穿的是罕见的北欧新兴小名牌，设计师姓氏超过十个字母以上，连这竟都被你认出来，或者他的鞋是大牌第几代和另一大牌联名推出的限量款，也被你认出来，那绝对就是一线生机。其实就算认不出，也没关系，只要看见什么特别的细节，说一句："这个好特别哦！"也许就成了。人身上不会无缘无故出现特别的东西，会出现特别的东西，就是那个人选择过的结果。而选择就表示她有费心，有费心就会高兴别人注意到。

有个安全得多的方法，可以博取贵人的注意。如果你有习惯关注你在意的贵人们，他们在网上写的一些很个人的小事，那通常是非常妥当的话题。

"我在网上看到你昨天半夜还帮你的狗绑辫子"，或"你上星期下厨煮的那个南瓜汤，看起来好好喝哦"。

我相信会在网上发布这些小事的贵人，都会很乐意跟你多聊两句的，要不然他们就不会把这些小事放上网。

不少人会觉得这样未免太麻烦，宁愿轻松些，任贵人从面前飘过，对贵人视而不见。这样的态度，我也很同意。

机会，本来就只给想要机会的人。对不想要机会的人来说，机会根本没有存在过，也就谈不上损失或错过机会了。

没有谁对谁错，也没有什么高下好坏，只是想要与不想要的差别。就像你可以把这本《说话之道2》当成作战手册，也可以当成随手翻翻的小书，不管怎样，我作为写书的人，都一样很高兴啊！

如何成为
功能优良的
"灭火器"？

18

这班代表也许翻过《说话之道》，有尽到"灭火器"的功能。不像有些人道歉，简直是不断往火上添油，他越道歉，你越火大。

子玉念书时，有一次全班有三分之二的人翘课，老师大发脾气，叫班代表站起来挨骂。

"你们班如果这么不想上课，就统统退学好了！爸爸妈妈帮你们交了学费，你们却连课都不来上！你们把老师当什么？当成扫教室的老妈子吗？"

"绝对没有这种想法，我一定会好好提醒同学，很对不起老师。"班代表边鞠躬边诚恳地回答。

"你们班从学期一开始就跟我作对，还在网上讲我坏话，以为我不知道？我是来教书的，不是来被你们糟蹋的！我四十岁还单身又怎么样？关你们屁事！"

（老师真的气坏了，或者是今天特别不顺利。不过，她爆发的路线，也算有迹可循：第一阶段翻旧账，第二阶段扩大战场。）

班代表继续道歉："绝对没有这种事，老师别再生气了，还是有不少同学来了，老师消消气，我们上课吧！"

老师总算停下来，瞪了同学们三秒钟，"唰"一声转身出去了。

嗯，不算什么好结局，但事情大可以发展得更糟。演变成老师在课堂上痛哭自己的人生，或者学生冒出更不像样的话，造成师生对骂之类的。

这班代表也许翻过《说话之道》，有尽到"灭火器"的功能。不像有些人道歉，简直是不断往火上添油，他越道歉，你越火大。

班代表怎么当"灭火器"的?

（一）抓住风浪中的那根浮木："太多人翘课"是问题的核心，就努力提醒老师，这是老师生气的原因，而且是唯一的原因。老师忍不住翻旧账、算总账，但班代表没有跟着乱，班代表只抓住唯一的浮木，因为一放手，就要被接下来没完没了的波浪淹没。

（二）把目光引导向正面："太多人翘课"是老师生气的原因，但正在挨骂的却是乖乖来上课了的那一群。把老师的心思引导过来，如果能唤醒藏在"愤怒绿巨人"里面那个原本的老师，老师就比较能控制住情绪。

反正，对方的道歉也等于是发怒者的中场休战铃声，发怒的人可以借此收场。情绪失控的发怒需要有人出面收场，故意表演的发怒也需要有人出面收场。这位班代表很称职，相信"绿巨人"恢复清醒之后，会对班代表留下好印象。

其实，如果有比较放得开的学生，带头撒娇地大喊："老师不要这样，其实我们都好爱你的……"大家一起起个哄，老师也许就"扑哧"笑出来了。情绪的火焰，就用情绪的粉红泡沫去灭火，也是不错的招数。

有道理的问题，真的问出来，不一定恰当

19

面试当然也是表演，你演的是对工作充满期待和热情的人，不是去演难伺候的大爷。

晴天有个同学，很崇尚美国学生在课堂上勇于发问的态度，也很喜欢在课堂上提问题。

大部分老师对这位同学印象都不错，毕竟学生会提问，就显示了求知的热情，老师教起来也比较有成就感。

所以，爱发问，绝对是个好习惯吗？

嗯……看情况。

比方说，如果是求职的面试，面试主管通常最后会问求职者："你有什么想问的吗？"

这时如果敞开来大问特问，问伙食、问津贴、问休假，也许面试主管会提供制式的回答，但面试主管也非常可能在这名面试者的资料上，标明"很计较"这三个字。

有道理的事，真的做出来，不一定恰当。

相亲时，想知道对方的月薪，有道理，但当面问出来，不恰当。（虽然我知道不少人还是照问。）

应征工作，想知道公司的福利，有道理，但当面问出来，也不恰当。

如果问的是公司未来的发展方向和近期计划，还显得你在乎这家公司。但偏重问福利的事，会令面试主管觉得你根本不在乎公司，只在乎自己。

不是只有舞台上或节目中的说话，才是表演，生活中的说话，也经常是表演。邻居的小孩被你揍了，邻居妈妈上门来兴师问罪，你妈妈拿出藤条来抽你屁股，这就是表演，演给邻居妈妈看，令她息怒。

你打麻将放了炮，被对方和去。付钱时你说了狠话："给你拿钱买药吃。"这是表演，夸大表现你的情绪。对方如果真的立刻病倒，你当然会内疚。而付钱时笑嘻嘻说："你今天手气真好！"这当然也是表演，你在演一个好相处、有风度，懂得为别人高兴的绅士淑女。

面试当然也是表演，你演的是对工作充满期待和热情的人，不是去演难伺候的大爷。

真的那么在意公司福利，怎么样都打听得到，何必当面招惹面试主管呢？

有同理心的问候，让你更得人缘

20

身处权威地位的人，往往被我们当作没血没泪的人，但想也知道，老师啊，主管啊，也都不是撒一把魔粉，就能由家里瞬间移动到目的地的巫师或外星人。上课或会议安排在早上八点，他们一定也早起得很辛苦。

晴天今天第一堂课，排在早上八点，那么早，非常值得骂脏话。

晴天进便利商店买三明治当早餐，没想到商店今天推出三明治优惠，买一送一，于是晴天多了一个三明治。当他走进教室时，发现只有自己跟老师最早到。

晴天顺手把多出来的三明治递给老师："老师，这给你当早餐。"

老师有点意外，微笑道了谢。

晴天后来发现，老师那天心情不错。

求职期间，如果面试主管把约见时间定在早上八点，面试者也会想骂脏话吧！

走进面试房间，一般面试主管也许会礼貌地说一声："早。"

你如果也回一句"早"，也算有基本礼貌。

但如果你多加一句："您这么早到公司来面试我，真是麻烦您了。"

我相信面试主管会在接下来的面试全程，都对你亲切很多。

身处权威地位的人，往往被我们当作没血没泪的人，但想也知道，老师啊，主管啊，也都不是撒一把魔粉，就能由家里瞬间移动到目的地的巫师或外星人。上课或会议安排在早上八点，他们一定也早起得很辛苦。

但我们似乎很容易抱着"你们活该"的心情，连偶尔送上一份早餐，或者加一句贴心的问候，都这么吝惜。

是怕被同侪当成马屁精吗？如果是顾虑这个，那就刚好借由这样开朗的言行，练习忽视那些内心阴暗的人，进而养成自己阳光的态度，对谁都多关心两句，不会有人觉得你恶心，反而会认为你是大方成熟的人。

推己及人，想到对方早起的痛苦，这是最普通的同理心。但也提醒你不要同理心过了头，你自己熬夜打游戏到半夜，千万不必自作多情地在凌晨三点发短信去提醒老师：睡觉要把被子盖好别着凉，有尿意就起床尿尿别憋尿……

谁说"有人说话就不可以打断"？

21

只要打断的方式是礼貌的，态度是对所讲内容显露兴趣的，讲者都会高兴才对。讲的人滔滔不绝，周围大家瞌睡的瞌睡，玩手机的玩手机，完全没有人打断讲者，你觉得讲者会不想哭吗？

　　动物学老师提到地球上的蟑螂其实有五千多种都是色彩艳丽的益虫且一生住在丛林里，只有少于二十种会和人类接触，被人类当作难缠又丑恶的害虫。

　　听到这里，女同学很多都龇牙咧嘴、起鸡皮疙瘩，当老师要继续再往下解说时，晴天举手发问："那为什么动物频道介绍森林里的昆虫时，都没有提到这件事？"

　　晴天这样有打断老师讲课吗？有，但因为对老师讲出的内容有兴趣，才趁这个时间点发问。

　　老师可以选择当下回答，也可以表示这个问题稍后再谈。

　　是谁规定别人讲话时，不可加以打断的？这我不知道，但这个说法，我不懂，也不同意。

　　听别人讲话，需要注意力，注意力集中三分钟就开始吃力，坚持十五分钟算是很厉害了。国际知名的演讲论坛TED①大量提供各领域的杰出演讲，长度都定在十五分钟以

----

①TED是美国一家私有非营利机构，该机构以它组织的TED大会著称。每年3月，TED大会在美国召集众多科学、涉及、文学、音乐等领域的杰出人物，分享他们关于技术、社会、人的思考和探索。

内，就是这个原因。

我自己演讲的时候，每隔几分钟就会和台下的人聊几句、问些问题、调查一些意见，这样大家比较有聊天的感觉，不会太像在教室听课。学校上课，把每堂课定为五十分钟，对老师、学生都是很大的考验，连《康熙来了》这样嘻嘻哈哈的节目，都每十几分钟就进一次广告，一集总长度也才四十五分钟。

用心听对方讲话的人，为了确认某些信息，或者为了询问一些细节，才会打断说话的人，尽到一个仔细聆听者的责任。

只要打断的方式是礼貌的，态度是对所讲内容显露兴趣的，讲者都会高兴才对。讲的人滔滔不绝，周围大家瞌睡的瞌睡，玩手机的玩手机，完全没有人打断讲者，你觉得讲者会不想哭吗？

婚礼致辞者往往是长辈或长官，有些致辞者不识时务，讲了几十分钟，内容又陈腐乏味，全场饥肠辘辘的宾客巴不得哪位有胆识的人上去把致辞者请下来，让大家开始吃饭。

其实，这种致辞只要超过三分钟，台下宾客就开始交头接耳、各聊各的，这样当然也不合礼仪，但是致辞者不知进退在先，主办者流程设计欠佳在后，就注定造成全场失礼的局面。

这种类似"有人说话就不可以打断"的不知从哪里来的古训，本来就没道理……当我讲到这里，子玉突然举手打断我："对不起，我要去上厕所。"

呃，这个打断虽然没有显示出丝毫对我所讲的内容的兴趣，但还是乖乖放她去好了。

不知道
该聊什么的
时候，
聊吃的！

22

当然，我相信也有人不爱聊吃的。不过我们追求的是"可以聊下去"就好，且战且走胜过不战而退。

爱旅行的人多吗？多，但没你以为的那么多。

爱时尚的人多吗？多，但没你以为的那么多。

爱吃的人多吗？多，而且比你以为的还要多。

所以许多人乐意自称"吃货"，但几乎没人自称"旅行货"或"时尚货"。吃，比旅行或追时尚都容易，而且真的能够"说出发就出发"，别找太远的餐厅就好。

这个事实引导出以下这个建议：不知道该聊什么的时候，聊吃的！

不是天气，不是时事，不是工作，这些都很容易卡住，不信你看：

你："今天好热哦！"

陌生人："对啊，好热哦！"

（卡住）

你："你念什么的？"

陌生人："太空物理（或者国际贸易或者比较文学）。"

（卡住）

你："市长换人了。"

陌生人："是啊！换人了。"

（卡住）

看吧！天气、专业、时事，都不那么好聊。

我有位非常会聊天的朋友，有一次竟然一开口就卡住。

我朋友："你府上哪里？"

对方："我老家是黑鸟镇。"（这是我乱编的，反正当时对方答了个极冷僻的地名。）

我朋友："哦！黑鸟镇，失礼了，我还真不知道这是在哪里。"

对方（耸耸肩）："不值得您费心，反正就是个很少人知道的小镇。"

看来，对方过去费力解释过太多遍黑鸟镇的方位，现在有点意兴阑珊了。

结果，我朋友就在"黑鸟镇"这一关卡住了！

我相信从翻开《说话之道》到现在所累积的功力，你已经知道要怎么渡过"黑鸟镇"这一关。

对了，就是聊吃的！

"哦？黑鸟镇呀？你们那边有什么特别的美食吗？"

嗯，我看看，对方可以如何继续封锁对话：

"我们那里的人都不吃东西！"（这回答太棒了，接下来你们就可以大聊吸血鬼聚集的黑鸟镇是怎么回事了！）

或者对方说："没什么好吃的，都很普通。"

这时，就要劳烦永恒的话题出马了。

"那你比较喜欢吃什么样的美食？"

这样如果还卡住，那对方要不就是心情很不好，要不就是他其实是外星人，这时植入脑中的翻译机刚好出故障了。

试试其他关卡。

对方："我念太空物理系。"

你："那你们学校附近有什么好吃的？"

（过关）

对方："市长总算换人做了。"

你："哈哈，那也许本市会多几家好吃的餐厅！您都喜欢去哪些餐厅啊？"

（过关）

对方："天气好热哦。"

你："这种天气最适合吃锉冰了！你最近吃了没？"

（过关）

当然，我相信也有人不爱聊吃的。不过我们追求的是"可以聊下去"就好，且战且走胜过不战而退。

怎么样？聊吃的会饿吗？现在想去吃点什么呢？

康永说

耳朵需要
专注，
不像眼睛
可以乱扫

23

说话说得漂亮，那是绽放在空中的烟火；而比较无人注意的倾听能力，则像是透明的空气。虽然烟火绽放时，没有人会去注意空气，但如果没有空气，烟火无论如何都点不燃，更不可能绽放。

听说男生的爱，可以同时爱好几个。

男生对每个都是真爱，就像房间有四面墙，每面墙都挂一幅画，男生坐在房间中央，看看这幅画也爱，看看那幅画也爱，不觉得心乱，反而很高兴。

又听说女生的爱，一次只能专心爱一个。

就像房间里已经在播放一首歌，她就只能专心欣赏这首歌，如果同时播放另一首歌，就会觉得吵死了，根本不可能同时欣赏。

我现在并不是又要挑起女生攻击男生，我是要讲：耳朵需要专注，不像眼睛可以乱扫。

如果你有看过《康熙来了》这节目，这节目有时一场坐了十位来宾，每位都有麦克风。这十位来宾可能有的人你觉得有趣，有的人你觉得平淡。但不管是有趣的人或平淡的人，都不会在别人讲话的同时发言。如果有来宾这样做了，那并不会热闹，只会吵闹。

有人翻了《说话之道》后可能跃跃欲试，参加了某个聚会之后，变得勇于发言，要试试自己的功力，如果这时你也在场，放轻松，不要抢话，只要接话。

　　书要好看，不会是以字多取胜，如果字多的书就好看，那么厚厚的字典应该是最好看了。电影要好看，也不会是以长度取胜，有些电影太长，看得观众会感到很累。说话也是一样，话多话少都可以，重要的是令听的人舒服。聚会现场如果已经有一个人话很多，其他人不必搭话，光是听这个人的话，有来有往，就很热闹了。

　　请不用为求表现而抢话讲，一抢话，两人的话搭在一起，两败俱伤。

　　可以两位美人共坐一室，各放各的光，但没办法两位大儒同时演讲，再精彩的内容也都废了。

　　如果想在说话方面力求表现，千万别忽略：可以在"听"的能力上力求表现，而不是一味在"说"的能力上力求表现。

　　聚会中有一个人在滔滔不绝的时候，如果你懂得听，就会在对方连绵的话语中，听到值得探究的话题，这时你一接话，就会令现场其他人精神一振，觉得你挑选出来的这个话题有意思。

说话说得漂亮，那是绽放在空中的烟火；而比较无人注意的倾听能力，则像是透明的空气。虽然烟火绽放时，没有人会去注意空气，但如果没有空气，烟火无论如何都点不燃，更不可能绽放。

不懂得听、却懂得说的人，根本不存在吧！即使像希特勒这样的煽动式演说者，他一定也是听见了群众心中的恐惧和渴望，才能煽动起人心的疯狂啊！

念出声音来，也许有点像小学生，但一点也不丢脸

24

没知识、没见解、没幽默感，这些也许都要花一段时间，才能得到改进。可是对生命中出现的人、事、物怀抱热情、深感兴趣，这是你一念之间就能改变的。

我有时候看一段文字，反复看几遍都看不进去，我就会大声把那段文字读出来，情况通常会改善一点。就算智力所限，我大声读完，依然一头雾水，那也没什么损失，就当作发声练习。

我有个做生意的朋友，她只要和别人交换名片，在双手接过名片时，她都会看着对方的名片，把对方的名字出声读一遍。

我开玩笑，说这有点像原始部落的巫术。像奇幻小说《地海巫师》（*A Wizard of Earthsea*）里，万物都有隐藏的真名，巫师只要能叫出其真名就能成为其主人。

我朋友笑答，虽然不是巫术，但交换名片的人被对方清晰地念出自己的姓名，还是会有一种被郑重对待的感受。况且，如果姓名中有些可聊的细节，比方对方明明中文名字很传统，外文名字却取了个法国名或意大利名，这当然也是不错的谈话材料，而且能加深彼此的印象，隔一阵子再遇见，说不定仍能立刻叫出名字来。

上面所说都是表面的事，最能打动人心的其实是你具体显示了你对面前的这个人"感兴趣"。

如果态度冷淡、要死不活的，那不管讲的内容是什么，气氛都会很差。电影电视中的吸血鬼们聚会聊天的时候，气氛通常很差，问题就是出在这里：吸血鬼活太久了，对什么事都提不起劲、阴阳怪气。

相反，很多人眼界不广、见识幼稚，可是对什么事都充满兴趣，兴高采烈。这样的人不管聊什么内容，都令人乐于参加，因为说什么都能得到反应、引起惊叹。

《红楼梦》里面，完全没见过世面的刘姥姥，由乡下乍然来到锦衣玉食的大观园，这也惊讶、那也惊讶，逗得太后般的老祖宗史太君很开心。这不是因为刘姥姥嘴巴真有多巧，而是她的热情充满感染力。

没知识、没见解、没幽默感，这些也许都要花一段时间，才能得到改进。可是对生命中出现的人、事、物怀抱热情、深感兴趣，这是你一念之间就能改变的。

只要从吸血鬼变成外星球来的小王子就成了。

你不能不说理由，但你可以说一个讲了等于没讲的理由

25

当你迫不得已，必须在缺乏充分理由的情况下，做出一件别人未必认同的事情时，最好还是硬着头皮，给出一个理由。这样你也许仍然很心虚，但对方却会莫名其妙地好过很多。

晴天下了飞机，拖着皮箱，走到机场的出租车站，要搭出租车由机场赶去公司。等着搭出租车的有十多人，排着队等待。

忽然有个"欧巴桑"不顾队伍顺序，疯狂地挤到最前面，抢着搭上了车！

排队众人纷纷拦阻，叫她不要插队，结果欧巴桑苦着脸拜托大家："拜托、拜托，不好意思，让我先啦！"

"凭什么让你先？"晴天大声问。

"因为我真的赶时间啦！抱歉哦！谢谢，感谢大家！"欧巴桑说完，大家愣住一秒，不再拦阻，欧巴桑上了出租车，开走了。

欧巴桑有说了她可以插队的理由吗？

好像有……

什么理由？

她说她赶时间。

这算理由吗？

呃……好像可以算……又好像不太算。

　　如果欧巴桑说："我爸爸心脏病发作，我必须赶到医院看他！"这才叫一个说得过去的理由。

　　"赶时间"这算个理由吗？别的排队的人，难道不赶时间吗？

　　上面讲的，是一个真的实验。做这实验的社会学家发现，只要你随口硬是说一个理由，即使是完全不成理由的理由，大家也会头晕晕地接受。

　　你不能不说理由，但你可以说一个讲了等于没讲的理由。

　　"你昨天为什么没有来上课？"老师问。

　　"因为我昨天没办法来上课。"学生答。

　　"你凭什么认为你可以当黑鸟市的市长？"记者问。

　　"因为我相信我可以当一个很好的市长。"政客答。

　　"为什么情人节晚餐我们要去吃印度菜？"男朋友问。

　　"因为我想吃印度菜啊！"女朋友答。

　　"你们凭什么要我公布我正在跟谁交往？"顽强的来宾质问《康熙来了》的主持人。

　　"因为我们很想知道啊！"《康熙来了》的主持人答。

　　咳咳……全部都是讲了等于没讲的理由，但对方也就吞下了。

　　怎么会这样？

　　我想应该是因为，人类并不是机器人。证据确凿的长篇大论，未必能说动我们捐款，但可爱小朋友大眼睛含着泪的照片，却可以立刻打动我们。

　　当我们要求别人给一个理由的时候，我们通常是感情上需要一个回应，而不是理性上需要一个解答。

　　所以，当你迫不得已，必须在缺乏充分理由的情况下，做出一件别人未必认同的事情时，最好还是硬着头皮给出一个理由。这样你也许仍然很心虚，但对方却会莫名其妙地好过很多。

　　"为什么要买蔡康永写的《说话之道》？"

　　"因为这是一定要买的啊！"

　　答得好！就是这么回事！

寻找双方意见的最大公约数！

26

每个人都有既定的立场，但通常也仍留有被引导的空间。如果多练习，渐渐就比较能把对方一步一步引导到双方可以达成共识的地方。

　　子玉走进服装店，她翻看了一阵子，店员于是上前问她是否有特别想找什么款式。

　　"我想找找看有没有红色、有亮片的长袖洋装……"

　　"哦，要找红色的洋装吗？"店员走到别的衣架，取来一件红色的洋装。

　　子玉看了一下，说："我想要有亮片的……"

　　"哦，有亮片的吗？"店员又走到另一个衣架，取来一件有亮片的黑色洋装。

子玉又看了一下，似乎觉得不错，但她还是提醒店员："这是无袖的。有没有长袖的？"

店员望了望所有的衣架，说："没有长袖的耶！可是我们有很好看的红色披肩，你看！"店员把披肩拿过来，和黑色洋装搭在一起，又说："你看这样搭很好看，冷气太冷就把披肩披上，不冷就不披，你皮肤这么白，穿没有袖子的洋装特别好看！"

子玉被说动了，去试衣间试了一下，穿起来真的不错。子玉就买下了黑色的亮片无袖洋装，加一条红披肩。

她本来想买红色亮片长袖洋装的。

这位店员有违背子玉的意愿吗？说不上违背，但她有引导子玉每一阶段在乎的重点。

当子玉提出"红色""亮片""长袖""洋装"这四项条件时，店员先把重点放在"红色"和"洋装"上面，暂时忽略了"亮片"和"长袖"。

店员为什么这样？可能是因为她知道店里没有任何一件衣服符合子玉的四个条件。但她不会直接告诉子玉"没有"，她懂得听客户的要求，而且快速把要求拆开成不同组合，再试着一步一步在各种条件组合中找出一个客户可以接受的替代方案，做成了生意。这就是"异中求同"，找到双方意见的最大公约数。

作为聊天节目的主持人，我们也要听来宾说的话里面有哪些重点。假设阿信说出以下这段话："我昨晚半夜三点才回家，结果还是睡不着，就喝了点酒。"这是假设的啦！阿信很少在节目上一口气讲这么长的句子，但假设他讲了这句话，小S和我就会边听边在脑中斟酌这句话中往下追究哪一部分会最有趣。

来宾常说小S和我很少依照节目编剧设定的内容进行。哈哈，聊天节目本来就是要见缝插针、打蛇随棍上，实在不必、也不太能照既定方向走啊！

每个人都有既定的立场，但通常也仍留有被引导的空间。如果多练习，渐渐就比较能把对方一步一步引导到双方可以达成共识的地方。

试图说服别人之前，可以先考考自己

27

当你想说服别人，而别人抓不到你的重点时，你会需要举例。比方说，你想主张"地窄人稠的台湾，绝对承受不起核电厂污染会带来的后果"，那你在试图说服别人之前，就可以先考考自己是否举得出例子，证明你的主张，令对方听懂。

实在想不
出来……

有时你会需要向别人传递一个观念或推销一个想法，但又不知道自己准备好了没，能不能把道理说清楚。这时，有没有什么方法可以先测试一下自己呢?

有个简单的方法，就是"请举个例"。

整本《说话之道2》，举了很多例子。讲道歉，有道歉的例子；讲安慰人，也有安慰人的例子。有一篇，我想讲一件有点抽象的事："诚不诚实和有没有教养、受不受敬爱不是同一个维度的事，请不要硬扯在一起。"

于是，我就用了《三国演义》里，大家很熟悉的角色举了例子。《三国演义》的诸葛亮，算不上诚实，但非常有教养、非常受敬爱。另一方面，《三国演义》的刘阿斗相对算诚实（能在被俘状态下欣赏敌方提供的歌舞美食，还能说出"此间乐、不思蜀"的感想，必须算是非常诚实的了吧！），但阿斗完全没教养，完全不受敬爱。

当你想说服别人，而别人抓不到你的重点时，你会需要举例。比方说，你想主张"地窄人稠的台湾，绝对承受不起核电厂污染会带来的后果"，那你在试图说服别人之前，就可以先考考自己是否举得出例子，证明你的主张，令对方听懂。

反过来，当你听别人讲话，但你觉得不太抓得到重点，或者感觉无法被说服时，你也可以请对方"举个例子"。对方如果知道自己在讲些什么，应该举得出例子。

这可能就是为什么多去了解国际新闻，是有意义的事。因为其他国家的税法、土地政策、教育制度，都会成为大家讨论重大事项时可以用来沟通的例子。

如果你一辈子不想结婚，你就要观察其他不结婚仍然过得很开心的人，他们的生活方式就会成为你在春节期间，被三姑六婆逼婚之时，可以举出来和三姑六婆沟通的例子。（讲到这里，我其实很心虚，我不知道有谁跟三姑六婆们沟通成功过的……如果你知道这样的杰出人士，可以通知我一声吗？我很需要这样活生生的例子……）

物理学家要对一般人传递观念时，会比较吃力。因为他们讨论的事情常常看不到也摸不着，甚至根本也不会发生在地球上。所以，举例对他们来说，有时很困难。

物理学家企图和大众沟通时，多半会努力使用"比喻"，像爱因斯坦讲解狭义相对论时，就用了经过月台的火车来做比喻。至于这样讲解的效果如何，我想囫囵听过那个月台和火车比喻的人心里有数啦。

本书第23篇的开头，我也用了个比喻，用同时欣赏四幅画，比喻男生能博爱的能力，另用无法同时听两首歌，比喻女生每次只能专注的爱。这比喻当然比月台和火车容易懂很多，因为讲的是非常生活化的事情。我当然没能力想出相对论，我和爱因斯坦虽然都是以两腿站立的动物，但我想不出相对论，就像澳大利亚袋鼠写不出"说话之道"是一样的道理。（你看，我又用了个比喻，在爱因斯坦的面前，我等于是袋鼠。）呃，这样比喻，袋鼠不会介意吧？

我写这本书，是想传递我对"说话之道"的信赖。当然，一定有人对"说话之道"嗤之以鼻，声称就算完全不管，照样很多人可以家财万贯、地位显赫！

那么这时，想必你会认为，我一定会请瞧不起说话之道的人举出一些例子，来佐证他们这种态度，对吗？

呃，不会。我不会请他们举例，因为我自己就可以举出很多例子：只要家里留给这些人亿万身家，只要父母庇荫这些人保有显赫地位，那他们确实是可以完全不用管说话之道，也不用管致富之道，也不用管做人之道的。

不管你喜不喜欢，这就是真实存在的状况，而你看，真实存在的状况，要举例就只需信手拈来，多么容易呀！

嗯，人生并不公平。但幸好人生也留下了不少只靠努力就可以改变的事啊！比方说：说话的能力！

为你的
介绍词，
装上门把吧！

28

这些介绍词虽然简短，但除了透露一点信息，还能引发当事人一些情绪反应，令陌生的对方当下就能看见一抹当事人的个性。

　　子玉去参加派对，派对的主人替子玉介绍新朋友：
"这是子玉，这是强尼。你们慢慢聊哦！"

　　主人把双方名字讲完，就风一般飘走了。

　　如果主人只报出对方名字，那干脆像《康熙来了》那样，直接叫来宾在胸前挂上名牌就好啦！

　　主人会把子玉介绍给强尼，而不是介绍给戴普，一定是有道理的。

　　顺口把这个道理说出来，会对陌生的双方有很大的帮助，双方也都会暗暗感激你。

节目主持人常常必须向观众介绍完全陌生的面孔，能不能引起观众想要进一步认识这位陌生人，就看主持人怎么介绍。

派对的主人、公司开会的主席也一样，介绍陌生人互相知道彼此背景，是主人的工作，主人介绍双方时，多加一两句话，就会被称赞是有效率的主人。毕竟要大家像武侠小说里面的三流角色那样，自行报上"在下人称打遍天下无敌手、壮志饥餐胡虏肉的金霸王是也"，也就太尴尬了。

做主人的这种多一两句话的介绍，一点也不麻烦，只要能引起别人继续探究的兴趣，就算完成任务。

"子玉啊！这是强尼，他公司就在你们公司附近哦！"

"子玉啊！这是强尼，你可别看他留大胡子，他家里收藏了三百个芭比娃娃哦！"

"强尼啊！这是子玉，她上个月刚跑完三十公里的马拉松哦！"

"强尼啊！这是子玉，你别看她现在身材那么好，她小的时候可是一个小胖子哦！"

这些介绍词虽然简短，但除了透露一点信息，还能引发当事人一些情绪反应，令陌生的对方当下就能看见一抹当事人的个性。

比方当事人被你一介绍，是很害羞地说："不要一开始就告诉人家这个啦。"或者是很得意地追加一句："是五百个芭比，不是三百个。"这些反应也都会成为接下来双方聊天的材料。

只介绍双方姓名，就像只用手指一指那扇门，多加一两句介绍，就立刻为这扇门装上了门把。你不必替客人扭动门把，你装上门把，客人自己会顺势去转门把把门推开。

不过……

"子玉啊，这是强尼，他刚坐完两年牢出来。"

呃……这种门把，你就不必代为装上了。

二十岁开始，不要再轻易被表相牵着走

29

与其花力气去固守那些使你和别人一样的事，还不如花力气去寻找那些能使你不一样的事吧！

臭脸并不等于认真，也不等于严肃；臭脸就是臭脸而已，只有臭脸不会换得敬意。认为臭脸等于认真和严肃，那可能是十岁时的见解。十岁时的见解到了二十岁，就应该进行一番汰旧换新。太表面的、太非黑即白的，都可以从抽屉里拿出来检视一番；经不起检视的，就赶快丢掉。

认真严肃的人，有些表情很轻松。相反，板着面孔的人，有些是散漫懈怠的人。用朴实的方法说话的，常常是在说很重要的事。相反，用尽华丽字眼的人，常常在说很空洞的事。

二十岁开始，不要再轻易被表相牵着走。不要一想到葬礼的致辞，就认为必须沉重肃穆，很多感人的葬礼致辞讲的是逝者生前轻松风趣的小事。葬礼致辞是为了让逝者生前的个性风格重新在亲友的心中活一次，如果这位逝者在世时就是轻松风趣的人，怎么可能人一死，就变得沉重肃穆呢？

一到婚礼致辞，就祝人家"早生贵子"的，也是完全漠视人各有志。在每次婚礼或葬礼致辞，都讲一样的话的人，哪有把新婚者或过世者真的放在心上，又哪有可能为当事人留下美好的回忆？不过话说回来，为什么有人就是喜欢把婚礼葬礼搞得官腔官调呢？当然是因为婚礼葬礼的主办者追求的是展示人脉，而不是真情流露啊！这也就不能责怪致辞者往往是对当事人完全不熟的达官贵人，当然也就说不出动人的内容了。

只是，葬礼毕竟一生只有一次，弄得那么官腔、毫无真情，很可惜啊！不像婚礼，一生很可能不只一次，这次太官腔，下次还可以安排走真情路线……

讲笑话一定要笑吗？当然不，成功的冷面笑匠非常多。讲笑话的人可以是无辜路线的清纯高中生，可以是流氓路线的刺青大叔，也可以是糊涂路线的干枯老太太。固执地相信肤浅的表象，遇到任何事情都只用一种逻辑，或者，以为大家都这样说，就一定有道理。以上种种，都是使人言语乏味的根本原因。言语中充斥着未经思虑的见解，就好像餐盘中盛着还没退冰的冷冻肉块或冷冻水饺，就端上桌侍客了。

我申请加州大学洛杉矶分校的电影制作研究所时，发现他们研究所很欢迎非影视相关科系毕业的学生，也欢迎美国以外的、来自其他文化背景的学生。因为他们认为经济系或化学系或哲学系毕业的人比较可能为电影创作带进更多的企图、更多说故事的方法。

如果你求学时就是学习跟说话有关的科系，而毕业以后也是从事以说话为主的工作，那容我稍做提醒：会使你在说话这件事上面绽放光芒、显现特色的，多半不会来自你在课堂上所学，而比较可能来自课堂上没教的那些东西。

与其花力气去固守那些使你和别人一样的事，还不如花力气去寻找那些能使你不一样的事吧！

▼ 康永说

撒娇的
核心是示弱!

30

只是别忽略撒娇的威力,别因为自己不是美眉,就搁下这门兵器不用。撒娇虽是怪招,常常可以救命。

只有可爱美眉可以撒娇吗？

当然不是。

你看看大男生晴天是怎么撒娇的：

晴天要出差，把家里的小狗抱去麻烦房东太太代为照顾三天。

"房东太太，我们家的小狗自从上次碰到房东太太以后，每天都抓门，要我带它来找房东太太玩，小狗从来都没这样过，连上次我带它去参加蔡依林的签名会，小狗都没有这样过……"

如果此刻房东太太能立刻拉下脸来，对晴天大喝一声说："现在就给我滚开！少拿这种破事来烦我！"

如果房东太太竟然英明到这个地步，她上辈子绝对是二郎神，额头上有多长一只专门看穿妖怪的眼睛吧！

撒娇并不需要嗲声嗲气，不需要扭肩膀扭手指。

撒娇的核心是示弱，同时把对方捧到天上去。

被捧到天上去的人通常不好意思毫不通融，就算实在答应不了的事，对方大概也会张罗着替你找个补救的替代方案。

要把对方捧到天上去的时候，必须意志坚定，营造层次，不要害羞而心虚，暂时放弃理智，追求戏剧效果。

"房东太太，小狗跟我说，你是它见过最漂亮也最好心的女生了！"

房东太太如果还算正常的话，应该立刻回嘴说："放屁，狗哪会说话？"

但晴天意志够坚定的话，应该就会接着这样说："哈哈，大概不是小狗说的啦！可是我好几个同事都这样说啊。房东太太你真的是大好人啊，对不对？"

房东太太如果还算正常的话，这时也很难回答说："不对！老娘是天下最邪恶的人！"

当然，这种糊弄对方的招数不能太常用，太常用的话，晴天就会被当成很油滑、爱占便宜的人了。

只是别忽略撒娇的威力，别因为自己不是美眉，就搁下这门兵器不用。

撒娇虽是怪招，常常可以救命。如果男生担心撒娇是太"娘"的事，而有心理障碍的话，就想象自己是儿童。以儿童的立场示弱，应该比较能调适。反正很多女人都爱说：男人不管到几岁，都仍是个孩子！

示弱并不丢脸，只是取巧而已。撒娇就是沟通时的取巧之术。毕竟我们早已不再是活在一味使用蛮力的蛮荒丛林里了。

懂得如何说谢谢，才懂得如何拿捏人情的轻重

31

这是人情的真谛：人情可不是黄金珠宝，死死地锁在保险箱里是不会产生所谓人情的。有来有往，才叫人情。

　　看奥斯卡颁奖典礼时，我们很爱看得奖人的致谢辞，有的人激动到语无伦次，有的人大哭大笑。但是有一种致谢辞的内容有点无聊，就是得奖人拿出一张名单，把名单从头到尾一字不漏地快速谢一遍，虽然周到，但对大众来说很无聊。

　　我们向人致谢的时候，只是一直说谢谢，却不说我们感谢对方的原因，那也不是有力量的致谢。

　　奥斯卡得主向配偶致谢时，常常会加一句："谢谢你这么多年默默在背后支持我。"也有人向已经在天上的父母致谢："谢谢你们生出我来。"虽然都只是这么简短地加了一句理由，却立刻动人得多，变成有力量、引人共鸣的致谢了。

餐厅服务生端水给我们，我们说句谢谢，这只是教养，不是真的感激，不必那么戏剧化地说："谢谢你给我水喝。"我们又不是落难快渴死在沙漠里。

对服务生这样淡淡说句谢谢，对带给我们大好机会的贵人也只说句谢谢，对在关键时刻借我们十万块钱的人也只说句谢谢，对帮我们开刀开了六小时的医生也只说句谢谢，这样有分出轻重吗？自己心里真的有体会到欠了对方多少人情吗？

心怀感激的时候，用言语表达出我们感激对方的理由，这不只是关于礼仪、关于说话，这是关于我们立足在这世上的心态：我们真的有理解到是靠了哪些人有意或无意的成全，我们才能走到今天这一步吗？

昔日上海的江湖大人物杜月笙说过类似这样的话：不

要怕欠人家人情，只要懂得还就好了。

这是人情的真谛：人情可不是黄金珠宝，死死地锁在保险箱里是不会产生所谓人情的。有来有往，才叫人情。

区分不出感谢的种类或感激的程度，这样的人当然就拿捏不好人情的分寸，也就做不到在人情上有来有往了。这样的人，侥幸得到一次帮忙之后，也就很难得到第二次了。

要练习致谢，下次不要只是说句谢谢就以为够了。只要顺口多加一句："我真要谢谢陈医生，如果不是他花了六小时替我开刀，我这条命早就没了。""我一定要谢谢金小姐的帮忙，要不是她雪中送炭借了我十万块，我的公司早就倒了。"

借由说出口的话，训练自己感激的习惯，也训练自己拿捏人情的轻重。再提醒一次：你说出口什么样的话，你就会成为什么样的人。

不过前阵子我看到一则外国某作家的致谢内容，实在令我忍俊不禁，很想写在这里。

那位作家在他的书前向他的太太和三个小孩致谢，他是这样写的："……最后，我一定要在此特别提到我的太太以及三个孩子。如果不是因为他们，我这本书早在三年前就已经写好了。"

哈哈哈哈，我太喜欢这则致谢了。但我可没有勇气在我的书前面，写下这么白目的谢辞啊！

吵架时，
别攻击对方的
人生立足点

32

很多观众就是会在电视上选中几个他们特别讨厌的人，当成泄恨的对象。我这么常出现在电视上，被某些观众选中了讨厌，是很正常的事。我自己看电视时，还不是也会没来由地讨厌某几个人，只是我的工作，以及我的训练，令我不方便随意宣泄我的厌恶之情罢了。

晴天在网上发了张自拍照，有陌生人在底下评论："丑死了，什么烂发型，蠢毙了！"

晴天看了很生气，就回骂对方："你也不看看你自己长什么鸟样，凭什么骂我？"

这吵架当然没什么逻辑，对方要骂你丑，可没规定对方自己必须长得好看。那么多人没事就骂美国总统无能，这些人可都没当过美国总统。

反正这就是宣泄情绪的吵架，等于语言的垃圾。

我对吵架有一些建议，其中一个建议是：不要否定对方存在的根本立场。不要攻击对方的人生立足点。

比方说，小孩摔倒了，丈夫如果很生气，可以责备妻子怎么这么粗心，但不要说："你这个妈妈是怎么当的！"

丈夫轻信人言，拿钱投资不可靠的生意，一下就赔光了。妻子可以责备丈夫，叫丈夫头脑清楚一点，不要继续想抄捷径，但不要说："男人做到你这个地步，根本是窝囊废。"

我们都常犯错，可以责备我们的错误，但不要否定我们存在的根本立场。骂出这种话来，那就是把对方骂到悬崖边了，后面就没有路了。

至于被骂就生气的人，我的建议是：我们没事可以练习骂骂自己，如果能骂出道理来，我们就越来越能够平静地接受别人的责骂。

我写《说话之道》时，书还没出，我就知道一定会挨骂，尤其是出书后，如果再说错话，一定被骂更惨："亏这家伙还出过什么《说话之道》，还不是老是说错话！"

因为我自己先这样责骂我自己，而且骂得挺有道理，所以书出之后，每次说错话被这样骂，我都很容易就接受，因为人家骂的本来就是真的。

我当时想，这么容易说错话的我，还可以出"说话之道"的书吗？

我想了一下书店里陈列的各种书，出食谱的作者，仍会继续做出不好吃的菜，因为只要她试着做新菜，就可能不好吃；出书讲投资之道的作者，仍会投资赔钱，因为他的投资之道再怎么准确，也对抗不了大局势；出书推广健康生活的作者，自己当然会继续偶尔生病；出书谈论婚姻的作者，后来离婚的比例也很高呢！

所以，写出"说话之道"的作者，只要继续开口说话，就会继续说错话，说错就该被指责，为什么要生气？

即使是没什么道理的责骂，我通常也能理解。很多观众就是会在电视上选中几个他们特别讨厌的人，当成泄恨的对象。我这么常出现在电视上，被某些观众选中了讨厌，是很正常的事。我自己看电视时，还不是也会没来由地讨厌某几个人，只是我的工作，以及我的训练，令我不方便随意宣泄我的厌恶之情罢了。

很多吵架没内容，没启发，就只是制造一大堆言语的垃圾。这些垃圾堆在你心里只可能令你心里越来越臭，而不是越来越清爽。

所以我虽然因为从小辩论比赛的训练，还算能和人斗嘴，但我不想写"吵架必胜攻略"这种内容，我倒宁愿陪你一起练习：怎么平静又省事地面对那些找你吵架的人。

但愿我们说的话，能温润如珍珠、闪亮如钻石、悦耳如铃铛，或者好玩如皮球，而不是发臭如垃圾啊！

不一定要往左或往右，大部分事情都有好多条路

33

当你兴高采烈地向老板提案，或者把精心搭配的一身衣服试穿给姐妹淘看，却得到类似上述的对待时，你也就知道，对方不忍心直接伤害你，不想说出全面否定的话，这时你也就不要逼人太甚，大家得过且过就算啦！

子玉的同学在写小说。

为了礼貌和友谊，子玉说："写好了，一定要给我看哦！"

后来小说写好了，同学真的拿来给子玉看了。

很不幸，小说写得很糟糕。

但想也知道，同学对子玉的读后感充满期待。

子玉要说违心之论，称赞同学写得很好吗？

子玉说不出。

那么子玉要老老实实告诉同学写得很烂吗？

子玉也说不出。

有没有第三条路？有。

不往左，就往右，是很幼稚的想法，大部分事情有第三条乃至第四条、第五条路。

我建议的第三条路是，子玉可以充满热情地和同学讨论小说中很多的情节、人物或场景是如何诞生的。

子玉既然是好朋友，当然应该怀抱热情。

"你怎么想到让男主角去卖火柴呢？" "这场脚踏车

撞电线杆的戏，你是怎么想到的啊？"这些讨论会令同学觉得她写的小说很受子玉重视，这样被认真地讨论，也会有成就感的。

当然，讨论完这些之后，同学可能还是会希望子玉说一下她到底喜不喜欢这本小说。

这时子玉可以用另一招。为这本小说限定某一族群的读者："我觉得你这本小说很适合给还没恋爱经验，但又很憧憬初恋的学生看……"用这类的措辞，避免做全面的肯定或否定。

当你兴高采烈地向老板提案，或者把精心搭配的一身衣服试穿给姐妹淘看，却得到类似上述的对待时，你也就知道，对方不忍心直接伤害你，不想说出全面否定的话，这时你也就不要逼人太甚，大家得过且过就算啦！

连猛兽
都可以控制
自己的音量，
你呢？

34

在专业的世界里，说话太小声或太大声都给别人添麻烦。太小声好一点，起码只是给听你说话的人添麻烦。而说话太大声的人，则是给同一空间内的所有人带来困扰。

描述时尚圈杂志女王的电影《穿普拉达的女王》（*The Devil Wears Prada*），演时尚女王的演员从一出场就用有气无力的声音交代事情，那不是慵懒，而是不耐、懒得为卑微的员工提高声量、浪费力气。

如果你不是女王，你就不方便这样小声说话，因为对方听不清，就会大声问你："啥？你说啥？"然后你就还是得乖乖大声讲一遍给对方听。

但女王可以这样轻声细语，因为她的部属必须听到她讲的内容。再怎么小声，部属都要想办法听到。毕竟，部属可不敢对女王吼："啥？你讲啥？我听不见！"

我讲这个例子是想告诉你，掌控全局的人，会对自己说话的音量有自觉。不必要的小声很失礼，显得你很没自信。而不必要的大声也一样很失礼，表示你连拿捏适当音量的能力都没有，不但多花力气，而且还干扰到不相关的人。笨拙程度等于每次钉钉子都敲到自己的大拇指。

在专业的世界里，说话太小声或太大声都给别人添麻烦。太小声好一点，起码只是给听你说话的人添麻烦。而说话太大声的人，则是给同一空间内的所有人带来困扰。

为什么喝醉酒的人讲话容易变得很大声，因为他的衡量能力以及对自己的控制能力，都瓦解了。

那么，根本没喝酒的人讲话也那么大声，当然也就令人判断这人既无衡量能力也无控制能力。连自己的音量都控制不好，难免令人怀疑这人其他方面的控制能力。

传统戏曲呈现三国故事里的张飞，一定咋咋呼呼、大呼小叫，而另一位猛将赵云上台的时候，却呈现出一个动作准确、情绪节制的赵云。像曹操这样的老板就想挖角赵云，根本不想挖角张飞，因为张飞摆明了就是个容易失控的人。

不必要的大音量不代表开朗，也不代表好亲近，大概就只代表缺乏控制力，以及不替别人着想，或者听力已经退化。

想一下老虎或狮子。狮虎想要咆哮的时候，是可以吼很大声的。但接近猎物的时候，它们会把脚步放得极轻，捕猎才会顺利。

对于自己发出的声音，连猛兽都有这样的衡量能力和控制能力哦。

▼ 康永说

每吐槽
一事之后，
就跟着
称赞一事

35

如果对别人有期待，可以试着以无情绪的中性态度，明确提出要求，而不是一律先以"世界真烂"的抱怨句型开始讲话。

情况不如意的时候，不同的人会有不同的反应。

比方，家里用过的杯子，东一个、西一个，放得乱七八糟。

"以后，用过的杯子要洗干净，放回杯架。"这是无情绪地下指令，不正面也不负面。

但也有人一看到乱放的杯子，一开口就会说："这房子里住的都是猪吗？就没有半个人懂得把用过的杯子洗一洗，放回去吗？"

信息还是很清楚，但确实是很负面的表达方式，语气就是"全世界只有我脑子没坏掉吗？"的语气。

以"遇上你们这些人真是我倒了八辈子的霉"的唯一受害者自居，是否能立刻唤醒在场所有被指责者的愧疚和良知呢？

当然不会，大家大概只会一边翻白眼一边想："好啦！好啦！你最厉害，都给你一个人管就好啦！"

如果对别人有期待，可以试着以无情绪的中性态度，明确提出要求，而不是一律先以"世界真烂"的抱怨句型开始讲话。

我朋友有次找我碰面，她精心挑选了一家餐厅，结果这家餐厅表现不算好，不管是服务生的专业程度、料理所用的食材还是空调，都不理想。

我朋友抱怨到第三次的时候，我看再这样下去就太破坏气氛了，只好用激将法激她。

我说："从现在开始，我来负责吐槽这家餐厅。我每吐槽一件事，你就要负责找到另一件事来称赞，看看我们谁撑比较久。"

这游戏开始了不到两分钟，我们聚会的气氛就好多了。她发现这个餐厅虽然有些问题，但也确实有些优点。

当天和我朋友试过这个游戏之后，我回到家里，也对我自己提出一个游戏的邀约，规则一样：如果对同一个对象，我已经抱怨了三件事的话，那我就规定我自己，接下去必须改成每抱怨一事，就跟着称赞一事。

这游戏你听了也知道，其实没什么好玩，它只是会令我自己很快就察觉，要抱怨还是要称赞，无非都决定于自己的一念之间。这样多练习几次，也就发现没完没了的抱怨既无目标、也一点都不启发人啊。

哦，对了，忘了抱怨一件事，那天离开餐厅前，我向朋友要来账单一看，真是贵得没天理！

啊！我又抱怨了，赶快讲一件好事情来平衡一下……呃，有啦！幸好是我朋友付的账，不是我，哈哈！

说话多点调味，让人见识你多么会料理你要传达的信息！

36

你用呆板的说法，就会得到呆板的反应。你用比较有滋味的说法，就可能得到比较有滋味的反应。

英文里面，说一个人或一桩八卦很吸引人，很值得大聊特聊的时候，有时会用"非常可口多汁"来形容。

顺着这个英文形容词去想，也就是说，讲话的时候，不要把事情讲得很"干"、很"没汁"。

举例：

"请问你做什么样的工作？"

"我是心脏外科医生。"这个回答很简明易懂，但有点"干"。

"我常常把别人的身体打开，让那个人再多活两年。"嗯，这个回答，字比较多，"汁"也比较多。

每个心脏医师都有不同的个性，每个卡车司机、每个网络卖家，也都有不同的个性。

你不必甘心让自己被一个干干的职称给绑住，遮盖了你的特色。

你可能是一个喜欢黑色幽默的医生，也可能是一个职业倦怠的医生。你的"多汁型"的回答会让听的人见识到你的特色或风格，而不是理所当然地把他们对医生的刻板印象，直接套在你头上。

"你暑假要去哪里？"

"要去一个男生也可以围上漂亮裙片的地方。"

其实只是去巴厘岛罢了。你如果直接回答巴厘岛，谈话大概就会往很一般的方向走。但你用这个经过调味的方式回答，就显露了你感兴趣的事、你的审美口味、你的性别观念或者你的观察力。

多讲了几个字，就提供了很多别人对你的想象或推测。

我主持《康熙来了》，每集都要开场。我尽量避免直接讲"今日主题"，我不太会说："今晚我们要谈高薪的工作。"我可能宁愿说："你看我和S的对面，坐了十个这么年轻的人，他们看起来也没有被折磨得很惨，可是为什么他们每个月领的钱是同年龄的人的五倍？"

你用呆板的说法，就会得到呆板的反应。你用比较有滋味的说法，就可能得到比较有滋味的反应。

不想被人呼来唤去？试试在话里设点障碍！

37

想成为别人心中的天使？想被人重视？你不妨练习设置障碍，别老是扮演呼之即来、挥之即去的角色，你又不是别人桌上现成的苹果。

这是跨栏比赛？！
OMG!

子玉伸手要拿桌上的苹果，结果晴天在苹果上面盖上好多张报纸，又在苹果的前面挡了一盆花，再把猫咪挡在花盆和子玉之间。

子玉赏了晴天一个白眼，然后耐心地先移开猫咪，再移开花盆，再掀开报纸，才拿到苹果。

晴天在做什么？晴天在"设置障碍"。

如果有人来拜托你一件很麻烦，或者你很不想做的事情，你在回答的时候，在当下就该设下许多障碍。

"你下星期三可不可以陪我去相亲？"

"呃……我看看哦……下星期三，我本来已经约了我妈妈要一起去按摩耶，而且，我最近精神好差，每天晚上都好容易就困了哦……"

设下一些障碍，给自己一点缓冲的时间，如果后来仍然下了决心要拒绝，起码有退路。

就算后来改变了心意，决定做一次好人，陪伴朋友去相亲，朋友也会因为你是特地排除了各种障碍去满足她的需要，而更加领你的情。

永远都应该让事情在比较不顺利的地方开始，然后一步一步迈向顺利。所有涉及其中的人都会因此而心情越来越好。

想象你追求一个女生，她一开始先拐弯抹角地透过不同管道透露她对交往的对象，要求学历要有多高、职位要有多高、身高要有多高，住的楼层要有多高……

一开始就有这么多障碍，可是一步一步交往下去，因为你的幽默、你的真诚、你的孝顺、乃至对你的爱……反正这女生就一步一步地撤掉了这些障碍，终于好好地跟你交往。

如果是这样的过程，这女生在你的心目中就当然是最仁义的天使！但如果倒过来，女生一开始表示什么都不在乎，只要有爱就好，可是接下来却一步一步地要看存折、要看毕业证书、要看房地契，这样她在你心目中就绝对不像天使了。

想成为别人心中的天使？想被人重视？你不妨练习设置障碍，别老是扮演呼之即来、挥之即去的角色，你又不是别人桌上现成的苹果。

倾诉
是说给
自己听的

38

我们常常替自己找到各种借口，把我们的内心包裹成一个密不透风的茧。

要抽丝剥茧，就需要一个旋转的线轴，供你把丝绕上去。线轴一边转，裹住茧的丝就随之越抽越少，终于你才搞清楚自己的内心。

金庸的小说，我既喜欢又佩服。在他的名作当中，故事结构上我最佩服的一本是《笑傲江湖》。

《笑傲江湖》的男主角是令狐冲，而故事里有位人间绝色的美丽小女尼。小女尼无法自拔地爱上了令狐冲，但她年纪太小，一开始的时候完全搞不清楚自己对令狐冲怀抱的感情是什么。

小女尼是出家人，当然不能对师父或师姐倾诉这种事，她的爸爸是大老粗，也不是什么可以倾诉的对象。

结果小女尼只好没事就合掌对天上的观音菩萨倾诉，后来她又找到庙里一位负责杂务的聋哑阿婆，小女尼就改成向聋哑阿婆倾诉。

菩萨和聋哑阿婆，都没办法回答她、和她谈心，她这样倾诉，有意思吗？

还是有意思的。

因为倾诉往往不是说给对方听，而是说给自己听。

你看美国影视剧当中的心理医生，把病患放在躺椅上倾诉，心理医生只偶尔问个问题。有的心理医生偶尔还会在看诊时偷偷打个盹，也未必会被发现。

我们常常替自己找到各种借口，把我们的内心包裹成一个密不透风的茧。

要抽丝剥茧，就需要一个旋转的线轴，供你把丝绕上去。线轴一边转，裹住茧的丝就随之越抽越少，终于你才搞清楚自己的内心。

当小女尼倾诉到一个程度，脱口而出她愿意代替令狐冲而死时，小女尼自己都深受震撼，她根本没有料到她对令狐冲爱到这个地步。

写日记、发表博客也都是一种倾诉，能帮助我们厘清心里的想法。

如果你很不善于自言自语，也不爱写日记什么的，那找个可以倾诉的好友，就可以依靠他们当线轴，帮助自己抽丝剥茧，在为难的时刻，有助于你下决定。

顺带透露一件事，在重度依赖心理治疗的地方，有名望的心理医生每问诊一小时，收费有时可达一千五百美元以上哦！

　　不过，这个工作必须长时间和各种焦躁、灰心、恶毒、忧郁的人共处一室，所以不少心理医生自己也必须另外再找心理医生去倾诉一番哩！线轴上绕了太多线，只好再找另一个线轴来分担啊！

敏感的问题，最好由不敏感的角度切入

39

说实话，那些魔术效果类似说冷笑话，干干的，变完就变完了，没什么后续效果。真的想练魔术，不妨练一点语言的小魔术手法。既不用花钱买道具，美眉也比看魔术更不会有防备心。练得熟了，有一天还可以用在谈正事之上哦！

"男生是不是都很爱劈腿？"子玉问晴天。

"呃……也要看情况吧……"晴天答。

"如果是女生主动投怀送抱，男生是不是就很难抗拒得了？"子玉又问。

"嗯……大概是吧……"晴天答。

"那你呢？如果女生主动，你是不是也会劈腿？"子玉问。

"我……我当然不一样！"晴天整个人坐直起来。

子玉这个问问题的招数不知是不是看《康熙来了》学会的。子玉想问晴天劈腿的事，但她也知道如果问晴天"你会不会常常想劈腿？"晴天当然会立刻否认，而且可能会不高兴，把接下来谈心的兴致都破坏了。所以子玉先表现出想聊聊"社会现象"的调调，这样晴天才有可能往下聊。

线头很软，你要是想直接用线头去把布料穿一个洞，让线穿过去，一定是穿不过去的。你必须找根针，把线依附在针的尾部，由针去刺穿布料，顺势把线也带着穿过去。

成语"声东击西""指桑骂槐"都有差不多的意思。

主管听说有其他公司来挖角他的部属小张，他知道必须给小张加薪了，可是主管又不希望加薪的幅度超过小张的期望太多。（唉，这主管真是懂得为公司斤斤计较。）

"小张，如果可以随便你开口，你希望你一个月薪水拿多少？"主管问。

"随便我开口吗？那一千万好了。"小张笑着回答。

主管跟着笑几句，还真的跟小张聊了几个地球上月薪高达一千万的人物，好几个都是纽约华尔街这种传奇世界里的人。小张一听，当然也会立刻感觉到，月薪一千万真是另一个世界才会发生的事。

这样聊了一些"国际见闻"之后，主管再绕回来，比较正经地问小张："所以讲真的，接下来的薪水，你大概一个月到多少可以满意呢？"

这也是穿针引线，有了前面的打哈哈，后面再探询小张的心意，小张的戒心应该会低一些。如果一上来就明刀明枪地直接问，后面的谈话就可能都必须硬碰硬了。

这些问问题的方法不一定只能用在为难或敏感的时刻，有时候信手拈来，增加一些谈话的乐趣，也挺好玩。

不少男生特别去学些橡皮筋或者扑克牌的小魔术，认为可以逗美眉开心。

说实话，那些魔术效果类似说冷笑话，干干的，变完就变完了，没什么后续效果。真的想练魔术，不妨练一点语言的小魔术手法。既不用花钱买道具，美眉也比看魔术更不会有防备心。练得熟了，有一天还可以用在谈正事之上哦！

把话说好
要靠自己练习，
美好成果
也由自己享受！

40

我们必须把说话归到我们自己的责任范围，没有别人能替我们把话说好。而把话说好，收获最大的，当然也是我们自己。

子玉刚拿到驾驶执照，打算真的开上马路去试试身手。大家怕死，都不愿陪她上路，当然就由跑不掉的晴天坐在了驾驶座的旁边。

子玉一开上马路，就不断大呼小叫：

"那个人怎么转弯也不先打方向灯？！"

"这个女生要死啦！一边开车一边擦口红！"

"哇！后面那辆卡车也靠我太近了吧！"

子玉连续指责了三十几个驾驶者之后，晴天叹了口气，指挥子玉把车停到了一个静巷内。

"子玉，马路上不可能只有你一辆车子在走，马路上就是会有那么多车。每个开车的人，就只能管好自己的方向盘和方向灯，控制好自己的油门和刹车。"晴天说。

"可是别人乱开就会影响我呀！"子玉说。

"是这样没错，可是你管不了每个人，你只能努力做好你分内的事，好好开车，然后希望别的人也都做好他们分内的事，好好开车。"晴天说。

呃……那个谁！麻烦替我拿个奖杯来，我要颁奖给晴天！

晴天所讲的，对于开车这件事的态度，就是我想要鼓励的，对于说话这件事的态度！

说话是一件我们靠自己用一点心，就可以不断进步的事。尽管说话一定涉及别人，就像在路上开车一样，而我们遇到的别人可能白目、可能粗鲁、可能很诡异，也可能不可理喻。

但不能因为别人乱开车，我们就也跟着豁出去乱开，因为事关自己的人生幸福。别人也许横冲直撞不当一回事，但我们还是会在自己做得到的范围内，把这件事做好。

我们必须把说话归到我们自己的责任范围，没有别人能替我们把话说好。而把话说好，收获最大的，当然也是我们自己。

我们通常喜欢把责任推给别人，因为那样比较轻松，水源污染是别人造成的，气候剧变不是我们能控制的，小孩不爱上学要怪老师，瘦不下来怪炸鸡太好吃……

但还是有些事，是我们必须交给自己的，除了我们自己，别人能帮的忙都很有限。

比方说："说话"这件事。

当然还有，你的人生。

图书在版编目（CIP）数据

蔡康永的说话之道. 2 / 蔡康永著. -- 长沙：湖南文艺出版社, 2014.8

ISBN 978-7-5404-6831-6

Ⅰ.①蔡… Ⅱ.①蔡… Ⅲ.①语言艺术－通俗读物

Ⅳ.①H019-49

中国版本图书馆CIP数据核字(2014)第156098号

上架建议：社交·人生哲学

蔡康永的说话之道 2

作　　者：蔡康永
插　　画：兔斯基团队
出 版 人：刘清华
责任编辑：薛　健　刘诗哲
监　　制：刘　丹
策划编辑：张小雨
特约编辑：田　宇
营销编辑：周　逸　李　颖
封面设计：张丽娜
内文设计：利　锐
出版发行：湖南文艺出版社
　　　　　（长沙市雨花区东二环一段508号 邮编：410014）
网　　址：www.hnwy.net
印　　刷：北京中科印刷有限公司
经　　销：新华书店
开　　本：880mm×1270mm 1/32
字　　数：95千字
印　　张：6.5
版　　次：2014年8月第1版
印　　次：2018年2月第9次印刷
书　　号：ISBN 978-7-5404-6831-6
定　　价：35.00元

质量监督电话：010-59096394　　团购电话：010-59320018

黑鳥先生
mr.c

寂寞者的解药。

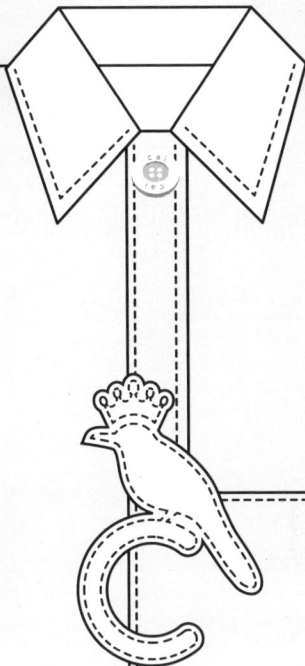

文字的力量不只在书本里，
康永将这样的理念不断进行跨界转化。
这是一种小小的、体贴的、
令人惊叹的力量。
cai不只是解决外表问题，
更是世界上
寂寞者的解药。

星星的店
www.XXDD.com

我想送你的小幸福
星星的店5元折价券

折价券编号:xxdd20
1. 输入折扣券编号即可满100元抵5元
2. 登陆www.xxdd.com星星的店官网使用
3. 使用截止期限:2015/05/31
4. 每笔订单限使用一张
5. 最终解释权归星星的店所有